TURING
图灵教育

站在巨人的肩上
Standing on the Shoulders of Giants

图书在版编目（CIP）数据

科学的生意 ：生物技术公司如何赚到钱 ／（美）加
.皮萨诺（Gary P．Pisano）著 ；袁源译. -- 北京 ：
邮电出版社，2024．8. -- ISBN 978-7-115-64701-6

. F407.7

国国家版本馆 CIP 数据核字第 2024GU5449 号

内 容 提 要

书由哈佛商学院教授加里·P. 皮萨诺撰写，深入探讨了生物技术公司
见盈利。书中分析了生物技术行业的发展历史、商业模式以及面临的
特别是在风险管理、整合知识和持续学习方面。本书认为，要充分发
技术的潜力，需要创新的组织结构和商业模式，以及适应科学进步的
。书中结合案例研究和实证数据，为生物技术和制药行业的管理
人和政策制定者提供了宝贵的洞见。

著　　　　[美]加里·P. 皮萨诺 （Gary P. Pisano）

译　　　　袁 源

责任编辑　王振杰

责任印制　胡 南

人民邮电出版社出版发行　　北京市丰台区成寿寺路11号

邮编 100164　电子邮件 315@ptpress.com.cn

网址 https://www.ptpress.com.cn

北京天宇星印刷厂印刷

开本：880×1230 1/32

印张：7.5　　　　　　　2024年8月第1版

字数：168千字　　　　　2024年8月北京第1次印刷

著作权合同登记号　图字：01-2022-3087号

定价：69.80元

服务热线：(010)84084456-6009　印装质量热线：(010)81055316

反盗版热线：(010)81055315

广告经营许可证：京东市监广登字 20170147 号

科学的

生物技术公司
如何赚到钱

[美] 加里·P. 皮萨诺 (Gary P. Pisano) —— 著

袁 源 —— 译

SCIENCE BUS

THE PROMISE, TH

AND THE FUTURE

人民邮电出版社

北京

科学的生意

**生物技术公司
如何赚到钱**

〔美〕加里·P. 皮萨诺
(Gary P. Pisano) 著

袁 源 译

SCIENCE BUSINESS

THE PROMISE, THE REALITY,
AND THE FUTURE OF BIOTECH

人民邮电出版社
北京

图书在版编目（CIP）数据

科学的生意：生物技术公司如何赚到钱／（美）加里·P. 皮萨诺（Gary P. Pisano）著；袁源译. -- 北京：人民邮电出版社，2024. 8. -- ISBN 978-7-115-64701-6

Ⅰ. F407.7

中国国家版本馆 CIP 数据核字第 2024GU5449 号

内 容 提 要

本书由哈佛商学院教授加里·P. 皮萨诺撰写，深入探讨了生物技术公司如何实现盈利。书中分析了生物技术行业的发展历史、商业模式以及面临的挑战，特别是在风险管理、整合知识和持续学习方面。本书认为，要充分发挥生物技术的潜力，需要创新的组织结构和商业模式，以及适应科学进步的制度支持。书中结合案例研究和实证数据，为生物技术和制药行业的管理者、投资人和政策制定者提供了宝贵的洞见。

- ◆ 著　　　[美] 加里·P. 皮萨诺 （Gary P. Pisano）
  　译　　　　袁 源
  　责任编辑　王振杰
  　责任印制　胡 南
- ◆ 人民邮电出版社出版发行　北京市丰台区成寿寺路11号
  邮编　100164　电子邮件　315@ptpress.com.cn
  网址　https://www.ptpress.com.cn
  北京大字星印刷厂印刷
- ◆ 开本：880×1230　1/32
  印张：7.5　　　　　　　　　2024年8月第1版
  字数：168千字　　　　　　　2024年8月北京第1次印刷
  著作权合同登记号　图字：01-2022-3087号

定价：69.80元
读者服务热线：(010)84084456-6009　印装质量热线：(010)81055316
反盗版热线：(010)81055315
广告经营许可证：京东市监广登字 20170147 号

献给我的父亲丹尼尔·J.皮萨诺

前言　新行业的兴起和大问题

　　本书的创作历程始于21年前（1985年），当时我还是加州大学伯克利分校的一名博士生。机缘巧合之下，我邂逅了当时刚刚起步的生物技术行业。那是1985年，距离年轻的生物技术公司，如基因泰克（Genentech）、Cetus[①]、凯龙（Chiron）[②]、渤健（Biogen）和安进（Amgen）的第一波首次公开募股浪潮仅仅几年。这个行业有几点让我感兴趣。首先，它是研发组织实验和创新的熔炉。与传统的制药研发不同，生物技术研发主要是通过大型成熟制药公司和创业者之间的协同合作网络[③]来组织的。当时，这种联盟在各行业中并不像今天这样普遍，人们感觉生物技术正处于组织研发工作新的、更好的方式的前沿。其次，在这个行业，私营企业基本上都从事着被认为相当基础的科学工作。科学和商业融合到如此程度，在其他行业中确实没有多少先例。最后，我被那些参与这个新兴行业的人的乐观精神所打动，他们希望不仅能改变制药行业，而且能全面改善人类的健康。当时，许多观察家预计这个行业会走与半导体行业类似的

---

① Cetus公司是最早出现的生物技术公司之一，只可惜这家本有希望成为业界领头羊的公司只在历史上存在了短短20年。——译者注

② 凯龙公司是一家美国跨国生物技术公司，成立于1981年，2006年4月20日被诺华公司收购。——译者注

③ 协同合作网络原文是 a web of collaborative arrangements，arrangement 指的是约定或者合同。美国的公司和机构，包括政府机构，用各种合同来互相约束，这些合同的约定交错形成一个网络，左右着整个系统的运行法则。——译者注

道路，就像固态存储技术的出现，不仅带来了产品的巨大改进，而且从根本上重塑了产业竞争格局。

在接下来 20 年的大部分时间里，我对生物技术和制药行业的兴趣与日俱增（有些同事会说我很痴迷）。我研究了那些协同合作和新的组织形式，研究了影响研发产出的因素，并撰写了大量关于生物技术和制药公司战略的案例研究的文章。我还为这个行业的许多公司提供咨询服务。在这个行业中，我遇到的科学家和高管是我所认识的最聪明、最敬业、最有想象力的人。这个行业在说服其他人（尤其是投资人）相信其光辉前景方面似乎没有什么困难。年复一年，几乎每个行业会议都充斥着乐观的预测。关于商业和行业表现，我们所知道的一切确实指向了生物技术的光明未来，这不仅表现在商业上，而且表现在生物技术能惊人地改变药物的治疗能力上。

然而，随着时间的推移，我越发感到疑惑。我感觉事情的进展不如预期。我觉得这很令人担忧，因为我相信，如果没有健康的生物技术行业，生物技术改善全人类健康的巨大前景将无法实现。我收集了所有上市的生物技术公司的财务数据，并编制了一份这些公司近 20 年的利润表（实质上是把整个行业当作一家公司来看待）。我发现虽然它们的收入随着时间的推移呈指数级增长（对于一个新兴行业来说，这是可以预期的），但其营业利润（折旧前）在大多数年份基本上是零甚至已经为负。一旦我把这个行业的巨头公司——安进——从样本中剔除，情况就会变得更加糟糕。总体而言，这些公司在其生命周期内一直亏损，而这些公司是上市公司，它们应该比数百家非上市的私营公司的状况更好，几乎可以肯定，那些私营企业都在亏损。我在本书中提供了这一数据分析依据，以及证明该领域令人失望的财务回报的其他数据。

另一个让我惊讶的方面是生物技术公司的研发表现。生物技术行业的一个假设是它将显著提高药物研发效率。生物技术公司也确实应该在药物研发方面更高效，因为它们既处于科学的前沿，又不受庞大的制药公司的官僚主义和组织惯性的束缚。然而，据我所知，这种假设从未用数据检验过。因此，我收集了大量关于生物技术公司和老牌制药公司的大量研发和药物上市的数据（详见第 5 章），并对其进行了跨越近 20 年的效率分析。我的发现再次令人惊讶：生物技术公司（总体而言）和大型制药公司的研发效率没有明显差异。因此，这个行业不仅在财务业绩上令人失望，而且即使在它显然应该具有优势的地方，它也未能脱颖而出。生物技术行业并没有兑现其承诺。

本书探讨了生物技术的前景与现实之间的鸿沟的性质及其产生的原因。为什么 30 年过去了，这个行业的表现还没有达到预期？批评者可能会说，30 年的时间不足以衡量一个行业的表现，而且回报已经指日可待。我也曾有过这种思考。然而，令我感到困扰的是，自生物技术诞生以来，总是有人说，巨大的财富和爆发性的生产力马上就要来了。再者，随着我对这个行业的了解越来越深入，我逐渐认识到，这个行业的本质问题是结构性的，并不能靠时间来解决。我为本书构建的理论框架是相当简洁明了的。我认为，基于科学的生意，如生物技术行业的生意，其表现取决于该行业的组织和管理水平。因此，我从科学的角度切入。生物技术背后的科学对企业提出了一套非常具体的"功能要求"。这些要求是：风险管理、整合和学习。问题是，这个行业在满足这 3 个要求方面做得如何？

我的分析表明，生物技术行业并不具备一个能够很好地解决这3个问题的架构。该行业对知识产权货币化的强烈关注阻碍了信息的流动，导致信息碎片化的现象出现，并造成了新公司的激增。正如我在本书中所讨论的，这3个特点直接违背了组织层面关于风险管理、整合和学习的要求。这种不匹配的情况背后的根本原因是，这个行业盲目地采用其他高科技行业的商业模式、组织架构和配套制度，认为它们如果在那些行业行得通，在自己这里也会行得通（大错特错）。并非所有的高科技行业都是一样的，像生物技术行业，就面临着独特的挑战，因此需要不同的方法。强调这些行业间的差异，并解释它们对于商业模式、组织架构和配套制度[①]的意义，是本书的首要任务之一。

本书探讨的一个更基本的问题是科学和商业之间的关系。从传统观念来说，这两个领域毫不相干。大学是科学研究的堡垒，而私营企业则是商业活动的经营者，当然这种区别并不总是完全清晰的。一些伟大的科学家也是企业家，一些大公司［如 IBM、通用电气（GE）、AT&T、施乐（Xerox）］也是非凡的基础研究实验室的所在地。但总的来说，科学对应着大学，商业对应着私营企业，这是对整个 20 世纪的绝大多数行业中普遍存在的"分工"的合理且准确的描述。在生物技术领域，这两个世界开始融合。私营企业承担的研究项目在几年前还只属于大学实验室。至多，这些公司背后的科学还是新生的，它需要时间的进一步验证。而某些早期的生物技术公司也和大学或学术机构共用实验室（和团队），用我的话说，"基于科学"的公司不仅仅是科学的被动使用者，而且还是直接（通过内

---

① 配套制度，原文是 institutional arrangements，也有论文译作"制度安排"。——译者注

部研究）或间接（通过赞助研究）推进科学进程的积极参与者。另一个方面，美国的大学显然也开始把它们的科学研究工作视为一门生意。它们积极地申请专利和寻求许可交易，与风险投资人合作创办公司，甚至开始向下游进军药物研发领域。私营企业和大学都在做科学的生意。这一事实引出了我在本书中探讨的一个更深层次的问题：科学能成为一门生意吗？

科学与商业之间日益密切的关系是学术写作和大众媒体广泛关注的一个话题。它们关注的重点通常是这种关系可能对科学研究产生的有害影响。这是一个既复杂又重要的问题，不过我的角度则有些不同——我从生意的角度来看待问题。当企业直接或间接地参与科学研究时，企业的业绩（盈利能力、效率等）会发生什么变化？我对生物技术行业长达 30 年发展的研究为找到这个问题的答案提供了一些线索。在本书中，我试图提取这些线索，并提出一些见解。这些见解可能对生物技术和制药行业的管理层与投资人，以及其他对科学与商业的关系感兴趣的学者和从业人员有用。

虽然本书深入研究了生物技术和制药行业，但我希望能从中提取更多的一般性信息，这些信息的意义远远超出这个领域。让我们看看其中的 3 点。

首先，科学的基本特征对于商业模式、组织架构和配套制度的适当设计至关重要。我们应该始终关注可以从其他行业借鉴的东西，但这种借鉴不能盲目。在一个行业奏效的东西在另一个行业可能行不通，因为基础科学领域的差异造成了每个行业需要解决的焦点问题不同。以科学研究工作为基础的企业面临着基于科学研究工作特质的挑战，这些挑战给传统的商业模式、组织架构和配套制度"施加了压力"。虽然无法人为设计整个行业，但其中确实蕴含着设计。在本书中，我把行业的设计称为其"解剖结构"（anatomy）。行业的解剖结构和科学的基本特征相匹配是达成行业长期绩效的先决条件。

其次，与上述观点明显相关的是，所有的商业模式、组织架构和配套制度都需要权衡。很少有不受环境影响、在任何地方都普遍适用的最佳做法。例如，创业模式解决了一个问题（管理风险），但也可能造成其他问题（失去整合）。大型的垂直整合企业、大学许可、风险投资和许多其他机制也是如此。某个具体的商业模式被奉为主流，往往是因为人们只考虑到了它突出的优点，而没有考虑到它不可避免的缺点。

最后，在以科学为基础的商业背景下，我们仍处于学习阶段。商业模式、组织架构和配套制度方面的试验与创新，对于这些行业的健康发展而言，与科学实验和科学创新同样重要。所有重大的技术变革时代不仅有技术的创新，还有商业的创新。大型一体化企业（产生于 19 世纪末）、跨国公司（产生于 20 世纪中叶）和创业企业（产生于 20 世纪中后期）的"发明"是商业创新改变行业的绝佳例子。以科学研究工作为基础的生意有可能也是这样的一种创新，它将从根本上影响 21 世纪的经济增长。

如果没有许多敬业的人和组织的帮助与支持，本书根本不可能出版。我首先要感谢哈佛商学院的金·克拉克（Kim Clark，前院长）和杰伊·莱特（Jay Light，现院长），感谢他们对我工作的鼓励和支持。如果没有他们各自采取一些非常重要的措施来帮助我，我不可能完成本书。我也很感谢哈佛商学院行政和教育事务助理院长让·坎宁安（Jean Cunningham），他帮助我扫除了一些可能让这个项目脱轨的障碍。我也真诚地感谢哈佛商学院教师研究和发展部慷慨地资助我的研究，并感谢我在本书编写过程中的研究主管克里希纳·帕勒普（Krishna Palepu）、阿南斯·拉曼（Ananth Raman）和马尔科·扬西蒂（Marco Iansiti）的支持。

我幸运地拥有一支才华横溢且敬业的研究团队。我要感谢芭芭拉·范伯格（Barbara Feinberg），从一开始，她就在本书编写过程中向我提供咨询服务。她帮我系统化地梳理了想法，并帮助我将它们形成一本书。她对我的众多草稿提供了源源不断的非常有用的反馈。克拉丽莎·塞鲁蒂（Clarissa Ceruti）在涉及生物技术科学的内容方面为我提供了宝贵的帮助。我也要感谢克里斯·艾伦（Chris Allen）在数据分析方面提供的出色支持。伊莱·斯特里克（Eli Strick）和我一起为这本书工作了两年，他坚持不懈地寻找和分析难以找到的数据。我感谢他在哈佛商学院学习期间的奉献精神，也感谢他在离开学校很久之后还愿意在周末为我提供帮助。我想感谢莎伦·皮克（Sharon Pick），她在我写作期间担任我的顾问编辑。她出色地确保了文章的流畅性，而且她在生物技术行业 10 年的从业经验使她成为我在书中提出的许多想法的宝贵的决策咨询人。我非常感谢弗朗西斯科·吉诺（Francesco Gino），她是我过去两年在哈佛商学院的博士后研究员。作为我的研究合作者，她深深影响了我对书中许多核心问题的思考。我很感谢她投入了令人难以置信的漫长时间，使本书生动活泼。

我想感谢以下人士，他们阅读了本书的手稿，并提供了非常有帮助的评论：肯特·鲍恩（Kent Bowen）、比尔·萨赫曼（Bill Sahlmon）、埃德·斯科尔尼克（Ed Scolnick）、理查德·纳尔逊（Richard Nelson）

和大卫·沙尔夫斯泰因（David Scharfstein）。我也很幸运地从与约翰·雷尔（John Rehr）、薇姬·萨托（Vicki Sato）、罗伯特·哈克曼（Robert Huckman）、李·弗莱明（Lee Fleming）、乔纳森·韦斯特（Jonathan West）、斯里坎特·达塔尔（Srikant Datar）和迈克尔·塔什曼（Michael Tushman）关于本书所包含的问题的讨论中受益。我要感谢哈佛商学院出版社的编辑杰夫·基欧（Jeff Kehoe）给予我的支持、鼓励和耐心，出版这本书花费的时间比预期的要长。我还要感谢迪诺·马尔沃内（Dino Malvone）和萨拉·卡斯顿圭（Sarah Castonguay）为书稿做的最终准备工作。

作者通常都要在前言的这个地方感谢家人为他提供了写书所需的平静和安宁。我家有两个精力旺盛的少年，我不敢保证"平静"和"安宁"是我脑海中最先浮现的两个词。尽管如此，我还是要感谢我的家人，感谢他们的支持，感谢他们提供的消遣，他们使我将注意力集中于重要的事情。

我非常想当面感谢一个人，但我做不到了，他就是我的父亲丹尼尔·J.皮萨诺，他已经去世了，他是一个真正了不起的人，他见证了我生命中迄今为止的每一项成就，包括我这次的努力。我将本书献给他。

目录

绪论

科学的生意：新颖的尝试

多年以来，生物技术行业一直在进行着一场深刻且重要的试验：科学与商业的融合。也许其他行业的科学研究和商业活动都没有像在生物技术行业中这样紧密地交织在一起。诚然，在 20 世纪，科学技术在许多行业（如半导体、计算机、先进材料）中发挥了关键作用，但它仍然游离于商业系统之外。科学技术是创造新产品的工具、成本，或者基础，但它不是生意。从概念上看，生物技术行业是不同的。在生物技术行业，科学就是生意。在 1976 年，当第一家生物技术公司基因泰克由一位风险投资人和一位诺贝尔奖获得者创立时，情况就已如此。今天也仍然如此，因为大学与风险投资人依然合作开发新药。生物技术行业的历史为这两个先前截然不同的领域——科学和商业——的融合提供了极为吸引人的画面。

整合科学和商业的重大挑战促使该行业进行新的组织和制度试验，包括：企业之间各种形式的合作、从创新中获取金钱价值的商业模式、对知识产权构成的定义、用于知识产权"变现"的合同约定、学术机构和私营企业互动的"规则"，以及对私人与政府研究界限的界定。因此，生物技术行业的历史提供了丰富的机会——有人可能会说这是一个实验室——用以研究经营基于科学的企业所面临的更普遍的挑战。深入了解这些挑战，以及提供应对这些挑战的战略是本书的重点。

基于科学的企业

要理解基于科学的企业所面临的挑战，我们必须首先回答一个基本问题：什么是基于科学的企业？具体地说，这类企业特殊在何处？诚然，许多企业和行业（如半导体、电子、通信、先进材料）都利用科学知识创新产品和解决方案，但是，"应用了科学"并不能定义基于科学的企业。在本书中，"基于科学的企业"用于表示商业企业或商业集团，它们既创造科学成果，又从科学成果中获得价值。也就是说，基于科学的企业（科学型企业）积极参与推进科学创新和创造科学成果。此外，这种企业的经济价值很大程度上依赖于其科学成果的质量。

生物技术公司就是一种科学型企业。许多著名的例子都表明：大大小小的私营企业都直接为生物医学的基础科学的进步做出了贡献。例如，基因泰克公司成立于 1976 年，其研究重点是解决克隆基因和在细菌细胞中表达蛋白质的基础科学问题。凯龙公司的科学家卡里·穆利斯（Kary Mullis）发明了聚合酶链式反应（polymerase chain reaction，PCR），这是进行遗传学研究最重要的技术之一，卡里·穆利斯因此获得了诺贝尔化学奖。一家名为塞莱拉（Celera）的私营企业与一项由政府赞助的大规模人类基因组测序计划展开了竞争。默克（Merck）公司的科学家们是最早确定艾滋病病毒结构的人。

当然，这些具有里程碑意义的事例并不多见。对于企业来说，更常见的是从事着仍然"原始"的科学研究：数据参差不齐、基础技术可行性仍存在疑问。例如 RNA 干扰（RNA-interference，RNAi），这是关于人们理解如何选择性地"关闭"基因的重大进展（通过 RNA 干扰将 DNA 翻译成指定蛋白质的过程）。在一流期刊发表关于"RNA 干扰"的核心文章之后的几个月，就有数家公司成立，它们希望利用这项技术来研发药物。类似的模式在基因组学、干细胞、系统生物学和蛋白质组学中也能找到——所有这些方向都是全新的科学方向，而其早在被完全弄明白之前就吸引了大量的商业投资。不可避免地，参与这些领域的公司不得不参与解决基本的科学问题，并通过自己的研发或与大学科学家合作来证明技术可行性。从科研文章的数量，尤其是由公司和学术界科学家合作完成的文章数量上，都能看出私营企业和大学之间的密切联系。

当私营企业越来越多地参与基础科学研究时，大学和学术医疗中心也越来越多地参与其科学成果的商业化。几乎所有的主要研究型大学和教学型医院都拥有产业合作和技术许可业务，目的是吸引研究资金并获得知识产权回报。经济利益并非微不足道。例如，据估计，哥伦比亚大学在重组 DNA 的基础技术方面的专利（"Axel 专利"）在 20 年内为该大学带来了 3 亿～4 亿美元的收入，其高峰期的收入每年超过 1 亿美元[1]。马萨诸塞州总医院（Massachusetts General Hospital）是哈佛医学院的附属机构，在 2003 年获得了 4600 万美元的许可收入，其中大约一半来自一种产品的专利——畅销的生物技术药物恩利（Enbrel）[2]。包括麻省理工学院（Massachusetts Institute of Technology，MIT）在内的许多大学都在其教师创办的新企业中持有股份。越来越多的大学不再局限于基础生物医学研究的早期阶段，而是开始向产业的下游转移，进入药物的开发和测试领域。简而言之，科学已经成为一门生意。

很明显，在某种程度上，基于科学的企业的基础需求与其他企业并无区别。团队需要确保资金来源。稀缺的资源（人力、财力、智力等）不得不分配给回报不确定的项目。资产需要估值和管理，各个合作伙伴需要与之签署设计和执行合同。发达经济体已经有了现成的配套制度和组织架构（例如，资本市场、风险投资、合同、知识产权、公司组织架构）来履行这些职责。此外，还有一整套管理实践、原则和工具——我称之为"管理技术"——可用于经营企业。总而言之，这些配套制度、配套机构和管理技术经过几个世纪的发展，对大多数经济领域都很有效。然而，本书提出的基本理论是，基于科学的企业牵涉到了独特的挑战，需要另一种组织架构和配套制度，以及另一套管理技术。简单地说，在其他环境下运转良好的商业模式，在基于科学的环境下可能运转不良。

生物技术行业 30 年试验盘点

如果我们把生物技术行业的诞生与基因泰克公司的创立联系起来，那么这个行业已经有 30 年的历史了。我们有理由问，这个行业的发展如何？毫无疑问，自 20 世纪 70 年代初基因工程技术被发明以来，我们生活在人类历史上最伟大的科学革命之一的环境中。从几乎所有的衡量标准——文章发表的速度、生物数据库规模的增长、专利申请的增加、具有里程碑意义的科学发现的数量等方面来看，基础生物医学知识都出现了名副其实的爆炸式增长。从科学角度讲，很难说生命科学革命没有取得惊人的成功。行业内外的许多科学家、风险投资家、华尔街分析师、高级管理人员和政策制定者也预计这场科技革命将创造巨大的经济回报：新科技将带来大量新药物，而这些药物将创造巨额经济利润。这一逻辑吸引了私人和公众股权，并促成了生物技术行业的诞生。

但是这个行业作为一门生意的表现如何呢？虽然该行业有几家非常成功的生物技术公司［例如安进、基因泰克、健赞（Genzyme）］，但从所有客观标准来看，该行业的经济表现都是令人失望的。图 0-1 展示了从 1975 年到 2004 年所有上市的生物技术公司的销售收入和利润（总和）。从本质上讲，该图展示了生物技术行业的销售收入，就像它是一家公司一样。

根据这份数据，生物技术行业虽然收入稳步增长，但利润却大多为零或负数。在后面的章节中，我将从不同的角度深入探讨该行业的表现，但基本结论是相同的：巨大的科学成功尚未转化为财务上的成功或药物研发生产上的提高。这一悖论引出了一个问题：为什么会这样？

金额/百万美元

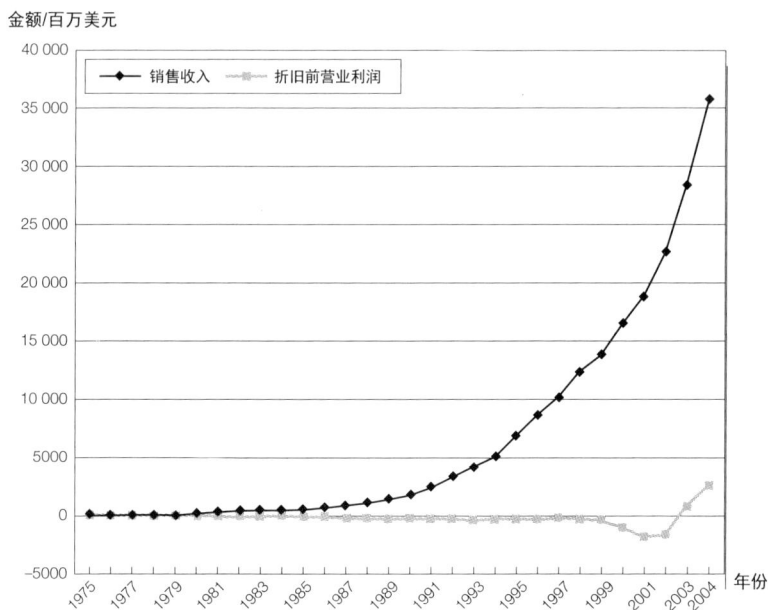

图 0-1　1975—2004 年生物技术行业的销售收入和盈利能力

价值经通胀调整
数据来源：康普斯塔（Compustat）。

科学生意的挑战

　　生物技术行业令人失望的业绩表现反映了一个根本的、深刻的问题，即生物技术科学和生物技术公司的目标与要求冲突巨大。这也是本书的主要观点。科学和商业之间的冲突——有些很好懂，有些很微妙——在许多层面上都很明显。首先，它们的文化导向、价值取向和实践方法不同。例如，科学将方法论奉若神明，而商业重视结果；科学注重开放和（注明出处的）分享，商业要求保密和合规性[3]。科学需要真实性（关注这个想法／发现是否正确、是否经得起推敲），而企业要求实用性（关注是否有用）。两个领域的竞争或许都很激烈，但是它们竞争的方向不同。科学研究通过学术贡献和学术影响力来"计分"，以声望、学术地位、同行评价和发表的文章来衡量；商业活动则是以财务业绩来评价。当私营企业和大学合作时，这些规范、价值观和实践的冲突变得十分明显。当然，它们也潜藏在所有与科学相关的生意中。一旦科学成为一门生意，商业机构（市场）的衡量标准和科学机构的衡量标准之间就会出现矛盾。

企业履行着经济机构的基本职能，它们将资源（人力、财力、智力）分配给各个投资项目；它们管理风险；它们（通过合同和组织流程）协调活动和资源以创造价值；它们还会代表其所有者分配利润。发达经济体中已经形成了一整套配套制度、组织架构和管理技术来行使这些职能。例如，专利帮助公司取得研发投资成果的权益（专有性）；会计实务和方法可以提供公司财务状况全貌；资本市场对企业的表现进行评估并向企业配置资源；贴现现金流和实物期权估值等技术帮助管理者分配资源和管理风险；董事会确保盈余归股东所有；而合同则发挥协调公司之间活动以及划分价值和风险的作用。必要时，还会出现专门的配套制度或机构来填补现有组织架构中的空白。例如，风险投资的出现就填补了资本市场高风险、早期风险企业的"空白"。

科学型企业受到科学特征的挑战，这些挑战给配套制度、组织架构和管理实践带来了压力。本书认为，生物技术企业面临的挑战源于生物技术科学的 3 个特点：生物技术科学的不确定性是本源的，而且会长期存在，需要能够管理和奖励风险的机制来应对；生物技术发展的复杂性和异构性①特征决定了需要跨学科和跨功能领域将专门技能进行整合的机制；科学进步的快节奏需要持续学习的机制。应对这 3 个挑战的能力决定了生物技术行业的发展。

深远持久的不确定性及风险的管理

从街角的干洗店到全球高科技公司，所有企业都必须管理风险和不确定性。根据定义，研发无论在哪个行业都有风险。但是，由于在科学前沿工作，像生物技术公司这样的科学型企业，其面临的风险和不确定性远远超出了"正常"研发的范围。即使是在半导体、高性能计算机和飞机等高科技领域，研发虽然有风险，但仍然建立在技术可行性的基础上。现有的原则、方法、因果理论和从多年经验演变而来的启发式方法确定了商业研发的可行轨迹的范围[4]。

在科学型企业中，研发面临技术可行性的基本问题。是否有可能在细菌中表达某种蛋白质？是否可以在体外培养哺乳动物细胞？哪些基因和抑郁症有关？哪些生化途径和炎症有关？激酶在某种疾病中起什么作用？为什么有些人比其他人更容易罹患阿尔茨海默病？这些都是生物技术领域中，科学型企业必须解决的问题。

这些问题不仅难以回答，而且试图回答这些问题很可能会引发更多的问题——或许还会得到意想不到的结果。因此，科学型企业面临的不确定性在本质上就与其他类型的企业面临的不确定性不同。

---

① 异构性，原文是 heterogeneous，也译作"异质性"，指的是情况复杂多样，尚且不能面面俱到地形成完整逻辑体系的情况。——译者注

1921 年，富兰克林·奈特（Franklin Knight）提出了一级不确定性和二级不确定性的概念[5]。后者是可以使用概率分布来描述的（例如，明年冬天在佛罗里达州发生冰冻的可能性有多大？明年消费者喜欢绿色毛衣而不是蓝色毛衣的可能性有多大？）。二级不确定性通常也叫"知道我们不知道什么"；而一级不确定性指的是"不知道我们不知道什么"——换言之，你甚至不知道有哪些问题是自己不知道的。

在生物技术的背景下，解决这些风险和不确定性的时间跨度较大，这进一步放大了高风险和一级不确定性带来的挑战。钻探油井和制作好莱坞电影都是有风险的。大多数油井钻探好才发现是干涸的，大多数好莱坞电影的票房也不佳（事实上，大多数电影甚至没有在影院上映，而是直接进入视频平台，或者更糟的是，只在长途航班中放映！）。但是，发现油井是干涸的与发现电影很烂所需的时间相对较短，而在科学研究工作中，这种风险和不确定性可能持续数年，有时甚至是数十年。例如，尽管有着数十年对基础研究的巨额投资，但癌症仍然被证明是一种难以理解和治疗的可怕疾病[6]。甚至哪怕找到了"解决方案"，也不一定能够将其明确地应用于商业研发中；相反，它可能还会引发新一轮的基础研究。人类基因组的成功测序标志着对遗传学在疾病中作用的研究才刚刚开始，而不是已经圆满结束。

需要长时间和大量研发投资才能解决的一级不确定性，意味着一些机制对于以科学研究工作为基础的企业是绝对必要的，这些机制是管理风险和奖励承担风险的机制。这些机制包括为创业公司输送资源的私募股权市场和风险资本、具有流动性（让投资人因承担风险而得到回报）的上市股票市场、分配知识产权的合同约定（如许可），以及保护和独享知识产权（例如专利）的经济回报的配套制度。这些机制共同构成了一种战略，我称之为"知识产权货币化"。也就是说，知识本身已经成为一种可分离的资产，可以交易、估价和占有。正如后面几章将要讨论的，知识产权货币化已经在许多其他行业背景下成功应用。本书探讨了这些风险管理机制——特别是知识产权货币化——是如何在生物技术的背景下发挥作用的。

科学型企业面临的一些非常特殊的挑战可能会对这些机制造成压力。例如，任何资产想要货币化，都需要解决可占有性（appropriability）的问题。可占有性指的是公司（及其投资人）从资产中获取价值的能力。企业关心的是价值，尤其关心的是它们能够获得的价值（可以据为己有的）。所有资产的回报都可以大致分为两种：私人回报（可以据为己有的）和社会回报（或者不可据为己有的）。私人回报指的是投资人占为己有的投资分红。社会回报指的是流向他人（客户、供应商、竞争者、工人和互补性资产的所有者）的经济利益。私人回报取决于一个人是否能够在不支付费用的情况下排除他人获得资产的可能性。为了获得研发回报，企业通常使用专利、版权和商业秘密等手段[7]。不同研究者的研究表明，此类机制的有效性因技术和行业不同而具有很大差异。一般来说，资产具有完全的排他性是相当困难的，因此，企业不会从它们的研发投资中获得所有回报。例如，有些回报流向了模仿者。

由于以下两个原因，对于专注于基础科学的研发来说，可占有性的问题变得更加复杂。第一，某些类型的科学进步可能不符合成为专利的标准；或者，至少在这个领域，专利的范围和效力可能是非常难确定的。例如，生物技术行业一直是法院对基础生物学发现能否成为专利提出质疑的战场。一个机构或许可以为一个基因或者蛋白质申请专利，但不太可能为基本的生物医学知识申请专利。第二，如商业秘密这样的替代专有权模式，在以出版和知识传播为导向的科学规范背景下，可能很难实施。事实上，当企业进入科学领域时，它们通常不得不与学术界的科学家合作。这可能会引起保密和发表研究成果方面的问题。而且，随着科学家们越来越多地意识到他们工作的商业价值以后，他们就不再公开分享他们的研究成果了。当企业遇到不再认同开放科学准则的科学家时，它们恐怕也很难获得它们以前认为"免费"的研究成果。企业通常会吸引世界一流的科学家进入内部研究部门，但这通常都隐含着允许这些科学家持续发表研究成果的潜规则。这样的合作和雇佣关系必须调和科学研究（发表、传播）和商业活动（保密、独占）的准则的冲突。

高度复杂异质的知识及其整合问题

在过去的 30 年里，生物医学的进步常常被称为一场科学革命。人们经常听到"分子生物学革命""生命科学革命"或"基因组学革命"等术语被用来描述这一巨大的科学进步。虽然这些术语只是便于记忆的短语（事实上，在本书中我也使用了类似的速记短语），但它们确实隐含着一个极其重要的事实：这次可能改变药物研发和医疗保健行业格局的科学进步的影响力是基础而广泛的，它涵盖了非常广泛的科学领域。事实上，正如后面几章将讨论的那样，也许最好的办法是把生物技术看作由一系列科学革命组成的技术，涉及生物学、生物化学、化学、计算机科学、生物信息学、数学、物理学、工程学等领域，当然还有医学的各个领域（如免疫学、肿瘤学）。

在过去的 30 年中，药物研发的"工具箱"不仅变得更庞大，也变得更加多样化。30 年前，药物研发领域是药物化学的领域之一，而今天它包括分子生物学、细胞生物学、遗传学、生物信息学、计算化学、蛋白质化学、组合化学、基因工程、高通量筛选和许多其他领域。新的工具开辟了巨大的新机遇，但也需要应对关键的挑战。每一种工具都揭示了一个非常复杂的谜题的一部分：想要高效地研发药物，需要把所有部分整合起来。因此，如果要以新药和治疗方法的形式实现生物技术领域的科学前景，那么整合不同的科学领域、方法和实用技巧，在现在可能比以往任何时候都更重要。

整合并不是研发药物特有的挑战，很多其他产品也是跨领域整合的产物。例如，现代喷气式飞机是一个极其复杂的系统，它的数百个部件必须经过精确设计和制造才能无缝协同工作。然而，生物技术的整合所带来的特殊挑战之一是，需要整合的各个子领域本身就在快速发展，而且非常不成熟。因此，整合的过程完全不同。许多复杂的系统可以被分解为带有明确接口的不同模块，这使专家们能够专注于不同的部分，而生物科学却还没有达到可以模块化的地步。我将在后面的章节中更详细地探讨这个问题，以及它对行业中创新组织的重要影响。生物技术复杂的整合过程表明，这个行业需要建立机制，将不同学科的专家聚集在一起，并促进跨越组织架构和学科边界的信息流动。本书探讨了这些机制看起来可能是怎样的，并且重点探讨了它们能否与用于管理风险的知识产权货币化策略保持一致的问题。

快速进步的节奏和持续学习的需要

学习和学习型组织的重要性在现代管理理论中几乎已经成为真理。对此持怀疑观点的人可能会提醒说，人们对组织学习的热情往往过于夸张了。毕竟，在某些情况下，想要获得成功，执行已知的东西可能比尝试新方法更重要。然而，想要长期健康发展，对于基于科学的行业来说，怎么强调学习的重要性都不为过。我们前面讨论的深远持久的不确定性意味着，"已经知道的东西"与潜在的可能性相比，是苍白无力的。科学知识的快速发展意味着人们必须不断地评估新事物；必须决定推进哪些方案，放弃哪些方案。此外，这些决定必须根据有限的知识和经验做出。错误很常见，不是因为人或者公司不称职，而是因为他们不断在知识的边缘跳舞。制药行业就是一个生动的例子。绝大多数新药的开发都是失败的，因为这些新药最终都被证明是不安全或者无效的。

当失败远比成功更常见时，从失败中学习是取得进步的关键。然而，什么叫从失败中学习？从失败中学习的机制是什么？学习可以发生在系统（或行业）的多个层面。个人可以学习，也确实在学习。一位花了30年时间研究细胞生长因子的科学家做了无数次成功和不成功的实验，想必他会从工作中积累相当多的新知识。学习可以而且确实也发生在组织的层面。这位科学家也会从所在的实验室（无论是学术界还是公司）的其他人的工作中学到许多新知识，而且这种学习不仅仅是组织中个体学习的总和，更体现在组织成员之间及深层次共享洞察之中。这些观点，有些可以形成流程和方法，成为组织机构运作的一部分，但大部分也可能是心照不宣的共识（但同样重要）。组织学习的效率差异已经在经验上得到了充分证明[8]，并有助于解释为什么那些显然拥有相似的人力和物力资源的公司似乎表现得如此不同（例如通用汽车和丰田）。各个组织机构之间也可以互相学习，它们将可以公开传播的知识在行业参与者（如投资人）之间分享。

本书后面几章要探讨的一个问题是学习生物技术的着力点。显然，这个行业中的个人参与者（科学家、经理人、投资人）都会学习，但学习发生在组织或者行业层面吗？或者学习发生在哪个层面对业绩是否重要？我认为，在像生物技术这样汹涌变化和快速发展的行业，组织层面的学习非常重要。每个人仅仅通过经验变得更聪明是不够的。上文提到，生物技术行业面临着整合各个行业的挑战，企业作为技术和知识的"管理员"发挥着关键作用，然而，这样的组织层面的学习却可能受到风险管理和风险回报所需的机制阻碍。

理论框架

虽然实现科学进步难度很大，但管理科学的生意所面临的挑战可能更大，这是一个在本书中反复出现的观点。从管理和商业的角度来看，我们在许多方面正处于未知的领域。我们关于商业的绝大部分知识（例如管理技术、商业模式和战略、机构和合同安排、市场如何运作）都来自在截然不同的技术背景中积累的经验。基于科学的企业在管理上面临的挑战是新颖的，因此不能盲目地借用其他行业中行之有效的做法、模式、方法和约定来应对，包括不能效法高科技行业。

科学和商业之间的契合很重要。为了探索这种契合方式，我们需要深入探讨科学及其要求，以及企业为应对科学的性质（即风险管理、整合和学习）带来的组织和经济上的挑战而采用的策略。本书的概念框架如图 0-2 所示。该框架突出了多个层次之间的相互作用。我认为，生物技术行业的业绩很大程度上受到企业应对挑战的能力的影响，这些挑战正是科学所带来的基本挑战。本书的分析会按照这个框架来展开。框架所分析的中心问题是，如果可以从头开始设计这个行业，将其设计成什么样才特别好？这当然只是个假设问题。商业部门（除非在纯粹的中央计划经济模式下）是无法设计的。在生物技术诞生 30 年后再谈论从头开始也没有什么意义。然而，这个问题将我们的注意力集中在这样一个概念上：所有的商业部门——包括生物技术行业——都在以应对特定的经济、技术和环境上的挑战的方式发展。

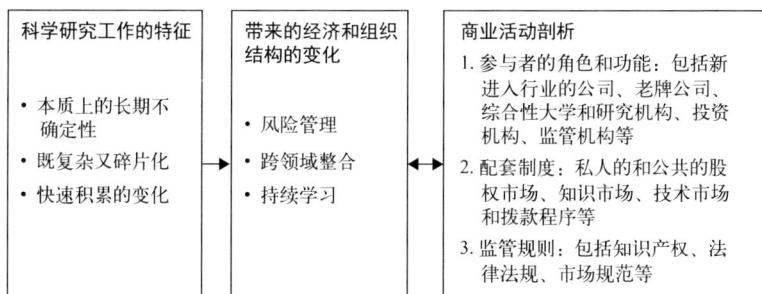

科学研究工作的特征	带来的经济和组织结构的变化	商业活动剖析
• 本质上的长期不确定性 • 既复杂又碎片化 • 快速积累的变化	• 风险管理 • 跨领域整合 • 持续学习	1. 参与者的角色和功能：包括新进入行业的公司、老牌公司、综合性大学和研究机构、投资机构、监管机构等 2. 配套制度：私人的和公共的股权市场、知识市场、技术市场和拨款程序等 3. 监管规则：包括知识产权、法律法规、市场规范等

图 0-2　本书的概念框架

虽然商业部门无法人为设计，但它们确实存在我们所说的解剖结构。这一解剖结构指的是行业中各种各样的参与者（例如新进入行业的公司、老牌公司、综合性大学等）以及它们起到的作用；配套制度，如将这些不同的参与者联系在一起的资本、劳动力和技术市场；监管规则、规范行为和价值导向。在本书中，我们探讨了生物技术行业不断变化的解剖结构，并评估了这些解剖结构是否能够解决科学研究环境所带来的基本问题。

第一部分（第 1～3 章）探讨了生物技术科学研究和药物研发的特点，并论述了科学研究环境的关键特征（不确定性、异构性和快速变化）对生物技术领域的企业必须解决的问题产生的重要影响：不确定性推动了风险管理需求的产生；异构性需要整合；快速进步对组织学习有影响。在第 3 章的结尾，我建议，如果有人能够设计生物技术行业，应该将它设计成能很好地进行风险管理、整合知识和持续学习的样子。

第二部分（第 4～6 章）探讨了生物技术行业是否在有组织（即有"正确的解剖结构"）地应对这些挑战。第 4 章对生物技术行业的解剖结构进行了深入分析。第 5 章研究了生物技术行业 30 年来的业绩，展示了财务回报、利润率和研发效率的独特数据。第 6 章认为，行业令人失望的业绩表现部分原因在于一种缺失，也就是该行业的解剖结构与科学的要求之间不适配。虽然这个行业解剖结构的某些方面似乎非常符合科学研究工作的需要（例如通过创业型商业模式管理风险和回报风险），但是其对整合和学习似乎不太重视。因此，虽然从其他行业借鉴来的模式解决了生物技术企业的部分难题（风险），但这并没有对该行业实现必要的整合和学习水平的提高做出太多贡献（甚至可能有所阻碍）。

第三部分（第 7 章和第 8 章）对上述各章进行了补充，讨论了商业战略和模式（包括联盟和许可战略）对公司的影响，对大学研究及其资金来源的影响，以及未来可能出现的情况。

术语和范围

本书使用的"生物技术"一词涵盖基于生物学、化学、医学和计算机科学等领域的科学进步而进行药物研发的宽泛技术。这一定义比将生物技术视为遗传工程或基因组学或生物生产的药物更为广泛。我有意选择了这种宽泛的视角，以便能够探讨跨学科整合的问题。同时，本书对"生物技术"的讨论范围将限制在研究这一科学革命如何在医疗保健和制药相关的研发中得到应用，将不考虑生物技术在农业或者工业生产中的应用。

从行业角度来看，我将生物技术公司定义为1976年后成立的任何以推进、开发或商业化上述新药研发的新技术为目标的公司。从历史上看，生物技术公司因其技术重点而与制药公司有所区别。生物技术公司使用20世纪70年代中期出现的新生物方法来尝试新药的研发，它们试图通过基因重组以及其他生物方法研发新药。相比之下，制药公司则使用传统的化学药物合成技术。随着时间的推移，这种优势已经逐渐被削弱。老牌制药公司已经接受使用生物方法，包括基因组学来研发药物，而生物技术公司则开始采用化学方法。老牌制药公司——如默克、辉瑞（Pfizer）、诺华（Novartis）、葛兰素（Glaxo）、礼来（Eli Lilly）和其他跨国企业——很大程度上都属于本书提到的范围。它们对生物技术的参与已经到了"既通过内部研发，又通过外部合作的方式，投资于药物研发的创新科学领域"的程度。从技术角度来看，大型制药公司和生物技术公司都是药物研发的同一个"生态系统"的一部分。

生物技术行业既广泛又复杂，我在这里的讨论必然是有限定范围的。关于科学进步和对该行业的业绩有影响的话题很多，其中公共政策和法律法规发挥着巨大的作用。仅就监管对这一行业的影响就可以写出一整本书（并且可以为这一行业是过度监管还是监管不足的无休止辩论再添一笔）。本书只简单考虑了监管问题，这并不是因为它们不重要，相反，它们的重要性需要深入分析，这远远超出了本书的范围。

总结

　　生物技术行业为科学研究和商业活动之间的相互作用与潜在矛盾提供了丰富的历史案例。我希望通过数据和分析展示一些新颖的见解，这些见解是关于行业如何运作、什么驱动着行业改变，以及行业潜在的发展方向的。直接参与与生物技术相关的商业活动的人（科学家、管理人员、投资人、监管者和政策制定者）应该会对这些见解感兴趣，对生物技术行业感兴趣的其他人也可能会想要了解。然而，像所有的案例分析一样，本次分析只适用于相关的背景——本案例的适用范围局限在基于科学研究的商业活动中。在21世纪，基于新型科学的企业可能会在美国经济中发挥越来越重要的作用。以纳米技术为基础的行业已经开始兴起。美国凭借其历史上强大的研究型大学的基础，可能会催生出其他基于科学研究工作的行业。然而，正如生物技术的故事表明的那样，这些行业需要组织和机构的创新来配合其技术创新。显然，并不是所有的科学企业都具有生物技术的那些具体特征。每个企业都面临着不同的挑战。在应对这些挑战的过程中，这些企业的领导者最好能了解从生物技术行业的试验中获得的"经验教训"。

第一部分

生意的科学

SCIENCE BUSINESS

THE PROMISE,
THE REALITY,
AND THE FUTURE OF BIOTECH

第1章

背景概览

本书的主题是科学研究与商业活动的相互影响，特别是科学研究的特点给商业活动中使用的组织架构、管理技术和配套制度带来的影响。因此有必要从药物研发的科学研究工作开始介绍。本章有两个作用。第一，它可以作为没有深入了解过药物研发的读者的入门材料。对于曾经从大众读物或者商业杂志上接触过基因组学、基因工程、理性药物设计等术语但并未深入了解其实际内容的读者而言，本章以非技术性的方式和相当高的抽象水平来描述它们，解释它们如何融入药物研发的大背景。第二，本章对科学研究领域进行了描绘，为后续章节奠定了概念基础。谈到制药行业或者生物技术行业，无论是大众读物中，还是学术界，常常有"生命科学革命"或者"基因组学革命"的说法。这种说法太常见了，往往让人误以为药物研发仅仅是单一的知识体系。这些术语使得一个重要的事实不为人所知，即药物研发不是一场科学革命，其实是好几场科学革命。通过强调科学生态格局中的许多不同领域，我希望能传达出其固有的复杂性和异构性，这是科学研究的基本特征之一，我将在后面的章节进一步阐述。

本章分为两部分。第一部分从历史的角度考察药物科学。药物科学始于 19 世纪 70 年代，当时研究人员初次开始确定分子位点与某些化学物质的选择性结合（药物靶点的起源）。了解这段历史有助于我们了解今天的技术状况和未来可能的发展方向。第二部分内容更加丰富，描述了几种重要的技术及其发展方向，它们基本上可以分为 3 类：新的合成模式、疾病生物机制的新知识，以及新的药物设计和筛选方法。

药物科学的早期阶段——19 世纪 70 年代至 20 世纪 30 年代

几千年来，人们一直使用药物治疗疾病。例如，自希波克拉底时代（公元前 5 世纪中叶到 4 世纪末）以来，人们就使用经过蒸馏的柳树皮和从树叶中提取的药剂来缓解疼痛。尽管使用药物治疗疾病的历史很悠久，但现代药物科学的概念——在了解疾病的分子基础上研发药物——只能追溯到 100 多年前。1872 年，保罗·埃利希（Paul Ehrlich），一位研究染料对生物组织的选择性亲和力的医科学生，提出了可能存在"化学感受器"的假说。这些"化学感受器"有某个针对化学制剂的特定结合点，与能够激活它们的适当分子结合后，会在细胞内介导特定的信号传导途径。[1] 1905 年，J. N. 兰利（J. N. Langley）提出，细胞表面存在作为"开关"的受体，这使细胞可以发送或接收生化信号。他进一步假设，通过药物阻断或打开选定的"开关"，可以达到理想的治疗效果。后来的研究表明，还存在其他在疾病中起着关键作用的生化"开关"，包括酶、离子通道、DNA 和激素。埃利希和兰利的工作奠定了药物发现的研究方向，这一方向现今依旧有效：找到一种分子（药物），有选择地使其与体内的一个目标（受体、酶等）结合，以触发所需的生化反应。

通常我们把药物在体内的作用比喻为"锁对钥匙的作用"。我们可以把受体、酶、基因和激素当成调节机体正常运转的"锁"。当某个"锁"运转不正确时（或者运转异常）时，某些关键的生化过程就会出问题。例如，癌症就是触发细胞正常死亡的过程停止作用的结果。在某些情况下，产生过多特定的生化"锁"也会导致疾病。例如，当身体产生过多名为血管紧张素Ⅱ的酶时，就会引发高血压。在另一些情况下，生化"锁"产生不足也会引发疾病：胰岛素是代谢糖分所需的一种激素，当胰腺无法生产胰岛素时，就会引发 1 型糖尿病。药物治疗疾病的方式有很多。有些药物通过取代缺失的"锁"（例如使用胰岛素治疗糖尿病或使用第八因子治疗血友病）发挥作用，还有一些药物充当了"钥匙"，它们与特定的"锁"结合，要么起阻断作用（拮抗作用，antagonism），要么起开启作用（协同作用，agonism）。这些受体、酶、基因和其他与药物产生交互作用的"锁"，就叫作靶点（target）。

虽然埃利希和兰利的观点很有说服力，但是药物研发还是受到了严重的阻碍，这是由于人们缺乏精确识别和描述与疾病相关的靶点所需的分析工具和生物知识，以及对有潜在治疗效果的化学物质的了解。简而言之，"钥匙"太少，"锁"更少。因此，19 世纪末到 20 世纪初的药物研发通常集中于从草药和其他具有已知或疑似治疗性质的天然来源中分离和合成有机化合物。例如，直到 1897 年，化学家费利克斯·霍夫曼（Felix Hoffmann）在竭尽所能地寻找一种能减轻其父亲的关节炎带来的痛苦的药物时，才从柳树中提取并合成了乙酰水杨酸，从而创造了由此以来人们一直使用的物质的提纯形式。他的雇主拜尔（Bayer）是当时的一家染料制造商，最初拒绝了他将这种药物商业化的建议，但最终决定生产这种药物，并将其命名为"阿司匹林"（Aspirin）。[2]

　　埃利希在其开创性研究结论发表 40 多年后，发现了世界上最早的人造药物之———萨尔瓦桑（salvarsan），这是一种治疗梅毒的药物。埃利希在他早期的实验中发现某些染料具有抗菌特性，在合成 606 种化合物后发现了萨尔瓦桑（源自砷）。[3] 在这个成功的例子之后，一些化学公司，主要是德国和瑞士的公司，开始系统地从天然来源（如植物）和煤焦油中分离出活性化合物，以测试其治疗性能并将其制作成药物出售。但是，直到 20 世纪 30 年代，药物研发充其量是一种家庭工业，药物公司很少进行科学研究。1939 年加入史克必成（SmithKline's）公司① 担任科学家的哈罗德·克莱默（Harold Clymer）指出："你可以通过以下事实来判断当时史克必成的研发规模：我被告知自己是临时工，因为他们的实验室去年已经雇用了两个人，而且他们不确定我能干多久。"[4]

　　20 世纪 30 年代，更系统的药物研发开始兴起，并围绕大规模随机筛选的概念展开。1931 年，IG 法本（IG Farben）公司的德国化学家格哈德·多马克（Gerhard Domagk）通过对小鼠进行大规模筛选，发现磺胺（sulfanilamide，一种由煤焦油衍生的化学物质）具有抗菌作用。由此，磺胺成为世界上第一种化学合成的抗生素，也是一类

---

① 史克必成后来与葛兰素威康合并，于 2000 年共同组成了现在的葛兰素史克公司。——译者注

被称为"磺胺药"（sulfa drugs）的衍生药物的基础。战时大规模生产青霉素也对药物研发产生了深远的影响。由于青霉素和其他抗生素是由微生物自然产生的，研究人员对土壤、沼泽和其他微生物大量繁殖的地方进行了大规模采样。这种方法是有效的，因此，在 20世纪 40 年代，微生物筛选成为研发新药的有效方式。药物研发人员从世界各地采集土壤样本，有机化学家则试着分离和合成这些样本中的有机化合物。通过这一过程，这些公司研发出了大型的"化合物库"。

到 20 世纪 50 年代，药物研发人员已经掌握了埃利希理论的一半，他们可以合成相当数量的化合物。不幸的是，他们掌握的关于受体和疾病的基础生物学知识仍然有限。例如，直到 1933 年，在埃利希首次提出化学感受器理论 60 多年后，科学家们才发现了第一个主要的酶类药物靶点——"碳水化合物酶"。实验证明，磺胺药因可以抑制碳水化合物酶而具有利尿作用。[5] 在整个战后时代，生物化学的科学研究促进了一些重要的药物靶点和治疗机制的确定（例如 β-阻滞剂，它阻断了心肌细胞膜上的一个靶点），这反过来又促进了重要的新疗法的研发。

但是，即使在靶受体已经确定的情况下，寻找受体结构与化学药物结构之间匹配的关系所需的知识、方法和仪器也完全缺乏。因此，在 20 世纪的大部分时间里，药物研发人员不得不依靠随机筛选天然化合物和化学合成的化合物来应对已知的疾病靶点。随机筛选实质上成为药物研发的第一个主导模式。事实上，我们今天使用的药物约有 95% 是用这种方法研发出来的。

全新的学科革命——20 世纪 70 年代末到 21 世纪初

在 20 世纪 70 年代末之后的 30 年里，分子和细胞生物学、遗传学、生物化学和其他学科的进步使得人们开始通过越来越有效和丰富的工具与方法来改变药物研发领域。这些进展可以归纳为三大类：新的合成模式、疾病生物机制的新知识、新的药物设计和筛选方法。与此同时，跨学科的技术不断发展，带来了更广阔的视野，从而为药物研发的概念化大趋势提供了方向。

新的合成模式——扩大了药物制剂的范围

在 20 世纪的大部分时间里，大多数可以合成的药物（即上文中的"钥匙"）都是所谓小分子化合物。[6] 小分子化合物是通过有机化学的方法合成的。人们利用有机化学的方法已经合成了数百万种不同的化合物。然而，利用有机化学合成方法合成的分子有大小限制（最高大约 500 道尔顿），当时人们还没能找到大规模生产核酸和蛋白质的普适方法。比起小分子化合物，这些核酸和蛋白质的分子大得多，而且复杂得多。更何况，即使是合成小分子化合物的过程也十分复杂，它极度依赖高度熟练的化学家的手动操作。

自 20 世纪 70 年代初以来出现的 3 种技术极大地扩大了可以合成并测试用作药物的化合物的数量和范围，它们包括：DNA 重组，用于生产蛋白质；杂交，用于生产单克隆抗体；组合化学，用于大规模合成新型化学实体。下面对这些技术进行简要介绍。

DNA 重组。多年来，生物医学研究人员一直认为蛋白质可能成为有用的治疗药剂。蛋白质——例如受体、酶和激素——在几乎所有已知的生物过程中都发挥着核心的作用，它们在一系列生化反应中既是"锁"又是"钥匙"。例如，有些疾病是机体缺乏生产足够数量特定蛋白质的能力导致的，其中血友病便是身体无法产生足够数量第八因子的结果，第八因子是人类血液中必不可少的凝血因子。因此，补充缺失的蛋白质很可能是治疗某些疾病的有效方法。不幸的是，由于蛋白质是非常大的分子，它们在实践中无法通过有机化学手段进行合成。由于缺乏生产方式，人们不得不从天然来源中分离得到蛋白质，而且只有少数治疗用途的蛋白质可以分离得到，如胰岛素（从猪的胰腺中提取）、人类生长激素（从人类尸体的垂体腺中提取）和第八因子（从人类血液中分离得到）。

DNA 重组技术的出现改变了这种局面。[7] 这种基因工程的手段是在 1973 年由赫伯特·博耶（Herbert Boyer）和斯坦利·科恩（Stanley Cohen）发明的。博耶和科恩发明了一种操纵细胞 DNA 的标准协议，用以诱导 DNA 产生大量的特定蛋白质。[8] 通过某些生物化学工具，携带着特定蛋白质编码的 DNA 可以被分离出来，这些 DNA 甚至可以以所需的方式进行修改；然后，可以将该 DNA 插入细菌或哺乳动物的细胞中。人们通过培养和维持这些细胞，就可以达到制造所需蛋白质的目的；还可以对从这些工程细胞中排出的蛋白质进行分离和提纯。

DNA 重组是一个非常好的例子。这种技术既扩大了可用的治疗方法的范围，同时也为探索疾病的根本原因开辟了新的途径。DNA 重组的首次应用是生产"治疗性蛋白质"（即可以作为药物使用的蛋白质）。[9]第一批治疗性蛋白质指的是那些已经从天然来源获得和使用的蛋白质的替代品，都分别于 1982、1985 和 1992 年推出的胰岛素、人类生长激素和第八因子。从那时起，累计有超过 60 种蛋白质被开发出来并用于商业化治疗。

因此，DNA 重组起初被当成有机化学合成方法的有力竞争手段。在生物技术行业发展初期，许多人想当然地认为 DNA 重组比有机化学合成方法先进得多。然而，DNA 重组只是一种可以合成任何蛋白质的方法。由于疾病相关的生化过程中的受体和酶也是蛋白质，研究者常常使用 DNA 重组合成靶点受体和酶，这样他们就可以在模型中使用靶点受体和酶，这有助于研发有潜力的药物。因此，DNA 重组并不总是用来合成一种作为候选药物的蛋白质，这种方法也越来越多地被用于合成作为其他药物靶点的蛋白质。这样一来，DNA 重组就成了基于化学方法研发药物的补充方法。

单克隆抗体。当一种"外来"蛋白质（如病毒或细菌）进入人体时，免疫系统会被自动触发，产生能与入侵者结合的抗体。历史上，科学家只能通过使动物对会产生特定抗体的特定蛋白质产生免疫的方式来获得抗体。这种抗体存在于免疫血清中，可以从中分离出来。然而，利用这种技术产生的抗体会对蛋白质的不同部位产生反应，是一种混合的抗体（即"多克隆抗体"）。因此，它在药物研发上的应用场景很有限。

1975 年，乔治·科勒（Georges Köhler）和塞萨尔·米尔斯坦（Cesar Milstein）发明了一种生产"单克隆抗体"的技术。[10]不同于多克隆抗体，单克隆抗体的特点是结构高度均一，只会对靶向蛋白质的同一个部位产生抗体。¹¹科勒和米尔斯坦的技术是通过将小鼠骨髓瘤细胞与经抗原免疫后动物的脾脏细胞融合，创造出一种无限增殖的细胞¹²。由此产生的细胞几乎可以无限量地产生对靶向蛋白质具有高度特异性的单克隆抗体。单克隆抗体的原理是患病细胞（例如肿瘤细胞）会在其细胞膜表面表达^①疾病的特异性蛋白质，其中的一些就是合适的、与之相互作用的靶向蛋白质^②。通过干扰这些与疾病有关的靶向蛋白质，单克隆抗体可以阻止疾病恶化的进程。由于单克隆抗体可以和特定的蛋白质结合，所以它可以用于体外和体内的疾病诊断。

起初，单克隆抗体的作用是充当有毒的抗癌药物的载体，用以测试能够杀死癌细胞的药物的最小剂量，以减少药物对机体正常细胞的影响。在 20 世纪 80 年代早期，研究人员对单克隆抗体应用于治疗癌症寄予厚望，他们同时也开发单克隆抗体的其他用途，例如在败血症休克、器官移植和免疫学中的应用。因为能够选择性地与病变细胞结合，单克隆抗体被誉为"神奇的子弹"。然而，早期对于治疗疾病的单克隆抗体的研发结果令人相当沮丧。早期的单克隆抗体是从小鼠细胞中提取的，不幸的是，当这种单克隆抗体被引入人体时，它们引发了人们不希望发生的免疫反应^③。科学家直到发现了"人源化"（humanrize）^④单克隆抗体技术，才在其应用于疾病方面

---

① 表达的是细胞按照基因编码的信息合成蛋白质。——译者注

② 单克隆抗体的核心原理是将肿瘤细胞和免疫细胞相结合，它既具有肿瘤细胞易于在体外无限增殖的特性（方便人工培养），又具有免疫细胞合成和分泌特异性抗体的特点（用来生产抗体）。小鼠脾脏中可以获得免疫 B 细胞，它是免疫细胞的一种，可以产生特异性抗体。——译者注

③ 因为这种单克隆抗体不是从人体内产生的抗体，会引发人体的免疫反应，也就是会被人体认为是外来细胞，从而使人体相关机能对其发起攻击，进而影响疾病治疗效果。——译者注

④ 人源化，原文是 humanrize，指的是各种改造和伪装成人产生的抗体的技术。——译者注

取得进展。截至 2002 年,美国食品药品监督管理局(Food and Drug Administration,FDA)已经批准了 16 种基于单克隆抗体的药物,单克隆抗体产品占临床开发中的生物技术产品的 25%。[13]

组合化学。直到后来,试图研发有治疗作用的化合物的药物化学家通过结合各种化学品和化学基团一次次地合成新分子。药物化学的"艺术"汇集了两方面的知识:化学——哪些类型的原子倾向于相互结合、不同的化学品如何倾向于一起反应、如何将一个分子分解成子组等;医学——某些类别的化合物一旦进入人体可能会有什么表现。一般来说,第二方面的知识是基于经验的知识,即哪些类别的化合物在过去对特定的条件有效、哪些会产生副作用是基于经验总结的。随着时间的推移,这种知识变得更加完善。

药物化学"艺术"的一个重要部分是利用先导化合物(似乎有一些理想的治疗效果)来创造类似物(稍加修改的版本),这可能提供某种更安全和有效的组合。传统的药物化学合成方法是复杂的、耗时的和昂贵的。例如,据估计,使用传统的药物化学合成方法,一个医药化学家平均每月可以生产 4 种针对特定目标的化合物,总成本约为 30 000 美元。[14]

组合化学是一种化学合成的方法,它通过对化学构件进行各种可能的组合来生产大量的有机化合物。组合化学可以追溯到布鲁斯·梅里菲尔德(Bruce Merrifield)在 20 世纪 60 年代初发现的固相肽合成技术,他因此在 1984 年获得了诺贝尔化学奖。梅里菲尔德的技术使肽链能够在一个自动化过程中被组装起来。1992 年,乔纳森·埃尔曼(Jonathan Ellman)首次报告了小有机分子的固相合成。20 世纪 90 年代初，利用组合化学研发的第一批药物进入临床试验。

组合化学的原理如下：任何有机分子都可以被认为是由两个及以上化学基团组成的；通过进行不同的组合，可以利用相对较少的成分创造出大量的分子。例如，如果一个分子结构包含 3 个结构基团，那么一个化学合成机器人可以制备 27（3^3）个新分子。这项技术也大大降低了合成潜在治疗化合物的成本。使用组合化学在一个月内可以生产 3300 种独特的化合物，总成本约为 40 000 美元。[15]

组合化学背后的理念是，通过大幅增加可用于测试的化合物数量，研究人员可以提高找到具有治疗作用的化合物的概率。这通常被称为"增加射门次数"，同样，"锁"和"钥匙"的比喻在这里可能有帮助。想想看，一个锁匠试图找到适合某把锁的钥匙，他不知道什么类型或形状的钥匙适合该锁，而组合化学产生了很多随机的"钥匙"，可以多试试。

疾病生物机制的新知识——靶点知识拓宽

自从埃利希的化学感受器理论诞生以来，人们已经知道药物通过与疾病进程中起关键作用的某个细胞受体或酶相互作用而发挥作用。一般来说，当研究人员有一个已知的（或至少是疑似的）药物作用靶点时，寻找一个有治疗作用的化合物（无论是化学的还是生物的）可能会更有成效。如前所述，直到 20 世纪 30 年代初，科学家们才分离出第一个主要的药物靶点（碳酸酐酶）并确定其特征。自现代药物研究开始以来的 125 年间，所有已上市的药物总共只与大约 500

个靶点发生过相互作用。[16] 虽然潜在的"可用药"靶点的确切数量仍然是一个存在争议的话题,但其估计数量为 6000 ~ 10 000 个。[17] 无论实际数量是多少,迄今为止我们对"锁"的了解相对较少。

因此,难怪基础生物医学研究的大部分重点都是为了增进我们对靶点的了解。然而,由于分离、鉴定和描述靶点的工具与技术相对粗糙,寻找靶点的工作是十分重复、耗时和艰苦的。从本质上讲,它一次只寻找一个假设的目标,而且可能需要数年时间才能完全验证一个假设,即一个特定的受体、酶或激素在某种特定疾病中起作用。例如,20 世纪最伟大的药物研发者之一詹姆斯·布莱克(James Black)于 1964 年 9 月在史克必成公司启动了一项研究计划,研究一种未知的组胺受体在胃酸分泌中的作用。直到 1970 年,在合成了 700 多种化合物之后,布莱克的团队才能够在动物研究中确认存在第二个组胺受体——他们称之为"H2"——在胃酸分泌中发挥着重要作用。

然而,在过去的几十年里,正在调查的药物研究的潜在目标数量激增。这一进展是由于在细胞和分子水平上研究疾病过程的工具与技术的进步,这些进步使研究人员能够识别和详细描述药物靶点,并且基因组学领域也取得了显著的进展。

基因组学。基因组学(genomics)属于研究各个生物体的 DNA 序列和基因功能的领域。今天,它愈发被视为了解疾病产生的基本(遗传)原因和阐明治疗干预的潜在生物化学途径的一种方式。基因在人类疾病中发挥核心作用的想法自 20 世纪初就已存在。1902 年,伦敦圣巴塞洛缪医院(St. Bartholomew's Hospital)的研究医生阿奇博尔德·加罗德(Archibald Garrod)在研究无碱尿症(一种导致病人尿液变黑的罕见疾病）时，首次证明了基因与疾病之间的联系。他发现，其父母有血缘关系的人更有可能患这种病，他得出结论，这种病是一种"先天性代谢错误"。[18]

然而，在分离、处理、扩增和描述基因序列的分析工具与技术被发明之前，人们甚至不可能设想研究指定基因和指定疾病之间的联系。这种情况在20世纪70年代中期开始改变，当时弗雷德·桑格（Fred Sanger）发明了一种"阅读"遗传密码或基因测序的技术。这种技术使科学家能够"阅读"构成基因的化学字母［A（腺苷，adenosine）、T（胸苷，thymidine）、C（胞苷，cytidine）和G（鸟苷，guanosine）］。最初，这个过程是艰苦的，而且绝对是劳动密集型的，通常需要大量的博士研究生在显微镜前工作以分析化学代码。事实是，对单一基因的遗传密码进行测序，就可能获得博士学位。领导人类基因组测序工作的克雷格·文特尔（Craig Venter）回忆说，他花了10年时间对肾上腺素受体的基因进行测序。[19]

然后，在20世纪80年代初，两项发明开辟了一条最终让基因测序高速自动化的道路。第一项是卡雷·穆利斯发明的聚合酶链式反应（PCR），它是一种选择性扩增DNA片段的技术，提供了一种相对快速地产生大量原料以供基因组学研究的方法。第二项是勒罗伊·胡德（LeRoy Hood）和迈克尔·亨卡皮勒（Michael Hunkapiller）开发的第一台可以自动读取遗传密码的分析仪器。1983年，胡德和亨卡皮勒成立了一家新公司，即美国应用生物系统（Applied Biosystems）公司，该公司开发和销售用于生物技术研究的仪器、试剂与软件。1986年，他们推出了第一个自动"平板凝胶"DNA测序系统，也就是370A DNA测序仪，它的每个运行周期为12小时，每个运行周期能够分析 300 个碱基对。370A DNA 测序仪不仅能够同时自动测试 DNA，而且还将实验输出的数据数字化，便于计算机分析基因组数据。到 1995 年，370A DNA 测序仪的继任者 DNA 测序仪 ABI Prism 377 每小时能够读取 7200 个碱基对。在接下来的几年里，DNA 测序仪产量的大幅提高使得在短短几年内完成整个人类基因组 30 亿元素的"字母表"的测序成为可能。

到 2000 年 6 月，整个人类基因组的草图已经绘制完成。这是一项具有里程碑意义的科学成就，与詹姆斯·沃森（James Watson）和弗朗西斯·克里克（Francis Crick）的双绘制螺旋结构具有同等地位。与沃森和克里克的发现一样，人类基因组图谱的完成标志着一个新研究轨道的开端。确定一条 DNA 链代表了一个基因是有帮助的，但要使它在医学上发挥作用，人们需要了解该基因的功能。它编码的是什么蛋白质？该蛋白质发挥了什么生物功能？

为了能够研究一个基因的功能，科学家必须知道该基因在各个生物体的基因组中的位置以及它的序列。随着越来越多的基因组序列（如人类、小鼠、果蝇的）进入数据库，进行这一任务的条件成熟了。科学家们可以通过删除或修改基因来研究模型生物（如酵母细胞、果蝇或小鼠）中的特定基因（或基因组）的功能，并观察由删除或修改基因引发的缺陷。[20] 这一信息对疾病的分子基础研究、药物的靶点确定以及药物的副作用预测都有帮助。在这个过程中，编码这个异常基因的 DNA 每次都会与不同的分子混合，然后研究人员寻找 DNA 和分子之间的相互作用，以确定那些以所需方式影响基因功能的分子。以这种方式揭示基因功能的研究被称为"功能基因组学"（functional genomics）。

单核苷酸多态性（single nucleotide polymorphisms，SNPs）经常在这种情况下使用。单核苷酸多态性是不同个体在特定位置的 DNA 序列中的一个字母变异。如果已知某些序列变异会导致一种疾病，那么单核苷酸多态性可以提示患这种疾病的风险增加，但这些变异中的大多数是无害的。这种研究被称为"结构基因组学"（structural genomics），因为它比较了不同个体 DNA 的序列结构。它多用于确定疾病的分子根源，例如帮助解释为什么一个人可能比其他人更容易患糖尿病。

基因组学已经确定了大量可能有用的药物靶点。今天，研究人员面临的挑战是如何验证这些靶点具有预期的生物效应。例如，如果我们采取基因组学的方法来研发治疗抑郁症的药物，我们可能需要首先试着确定对受体有影响的基因，明确这些受体在哪些神经生物学路径中发挥作用。然而，在可靠的实验数据证明这些基因确实对抑郁症有影响之前，我们拥有的只是所谓"未验证靶点"。在许多情况下，化合物击中了一个靶点，但在动物或人类系统中并没有产生预期的治疗效果。一般来说，验证一个靶点需要进行大量的组织和动物模型研究。当然，最终要验证的是其对人类患者有疗效的假设。

使这项任务变得更加复杂的是，似乎只有很少的单一基因疾病。也就是说，大多数疾病，包括心脏病、1 型糖尿病、阿尔茨海默病和大多数癌症，似乎都是多种基因复杂互动的结果，以及基因和环境因素之间相互作用的结果。现在，计算方法被用来同时模拟数千个基因的相互作用，目的是找出可能作为药物治疗的潜在基因目标。

蛋白质组学。蛋白质组学（proteomics）是对蛋白质的结构和功能的研究。蛋白质组学的任务是艰巨的，因为将遗传信息从基因转化为蛋白质的过程非常复杂。尽管人类基因组中的基因数量很多（25 000 ～ 35 000 个），但蛋白质的数量更多（100 万～ 2000 万个），这是这些基因的表达方式不同造成的。一些基因能编码一个以上的蛋白质，而这些蛋白质在发挥其最终生物学功能之前，同样会经历各种形式的修饰，如选择性剪接（alternative splicing）。此外，对蛋白质的检测是一项比 DNA 测序复杂得多的任务。

蛋白质组学的研究重点是确认蛋白质的修饰方式，并最终确定每个基因衍生出多少种不同的蛋白质，以及它们在正常组织中的相对丰度（relative abundance）。接下来，研究人员可以将这套蛋白质模式与病变组织中的蛋白质模式进行比较，通过分析来确定不同蛋白质的相对丰度、存在与否。例如，研究人员已经使用蛋白质组学，识别出和健康动脉相比，动脉粥样硬化斑块覆盖的动脉中特有的某些蛋白质。这些信息可以用来开发一种专门针对该组织的药物，以防止斑块的形成，从而防止心脏病发作、中风和因年龄而导致的动脉硬化。

RNA 干扰。研究表明，药物的靶点范围要么是蛋白质（受体、酶等），要么是编码这些蛋白质的基因。然而，一种被称为"RNA 干扰"（RNA interference，RNAi）的新技术，提出了将 RNA 作为药物干预目标的可能性。信使 RNA（mRNA）在蛋白质的合成中起着关键的中间作用。DNA 提供了细胞合成蛋白质所需的指令。mRNA 的工作是转录该指令，并将这些指令传递给细胞中负责生产蛋白质的部分（因此被称为"信使 RNA"）。从 DNA 转录 mRNA 是基因产生蛋白质的生物过程中的关键步骤之一。RNAi 旨在寻找能够干扰由 RNA 进行的这一中间过程的化合物。从本质上讲，RNAi 使 mRNA 成为药物干预的另一个潜在目标。通过选择性地干扰 RNA，研究人员希望能够从本质上"关闭"一个正在表达导致某些生物问题（例如癌细胞的增殖）的蛋白质的基因。[21] 1998 年，卡内基研究所的安德鲁·法厄（Andrew Fire）和马萨诸塞大学的克雷格·梅洛（Craig Mello）在确定 RNA 干扰的遗传机制方面取得重大突破。直到 2001 年，由马克斯·普朗克研究所的托马斯·图施尔（Thomas Tuschl）领导的研究小组才分离出了引发 RNA 干扰的 RNA 片段——小干扰核酸（siRNA）。

因此，RNA 干扰技术既包括一套新的"锁"（RNA），也包括一套新的"钥匙"（siRNA）。

系统生物学。如上所述，很少有疾病可以追溯到一个单一的"坏"基因。疾病及几乎所有其他的生物过程都是各种生物成分（基因、蛋白质、细胞，甚至整个器官）之间相互作用的复杂表现。系统生物学（systems biology）是一个新兴领域，它整合了来自基因组学、蛋白质组学、细胞生物学、化学、工程学、物理学、数学和计算机科学的知识，研究复杂生物系统的行为和性能。系统生物学显然建立在基因组学和蛋白质组学的最新进展之上，但将分析的重点从组件的层面（单个基因或特定蛋白质）转移到生物系统的层面（例如细胞、跨细胞的信号通路），并深切关注此类系统的动态变化。正如北野宏明（Hiroaki Kitano）在《科学》杂志上对系统生物学的概述中所描述的，"识别一个生物体中的所有基因和蛋白质就像列出一架飞机的所有部件。虽然这提供了一个单个部件的目录，但它本身并不足以理解基础工程对象的复杂性"。[22]

创建表征指定系统的模型（基于高通量实验的大数据集）是系统生物学的一个主要焦点。研究人员希望这样的模型能够使他们确定指定的疾病机制，从而成为药物研发的目标。系统生物学与传统生物学不同，后者有时被定性为"还原论"或假设驱动，强调理解发生在基因、分子、细胞和器官之间的相互作用。在传统生物学中，科学家从一个关于特定生物如何工作的假设开始（例如，基因 X 在糖尿病中发挥的作用），然后通过实验测试该假设，目的是一次一个组件地建立对系统的理解（例如与糖尿病相关的基本生化途径）。在系统生物学中，对了解参与糖尿病的基因感兴趣的科学家可能会使用基因芯片和其他分析仪器同时测量几千个基因的表达。然后，这些实验的数据将被处理，并且研究人员会使用各种算法对其进行分析，以检测哪些基因与其他基因有关。就对医学研究的适用性而言，系统生物学有可能使研究人员成功创建与特定疾病相关的生化途径模型。这些模型反过来可以提供关于疾病机制的见解，可以成为药物研发的目标。

新的药物设计和筛选方法——在"锁"和"钥匙"之间寻找匹配点

虽然在过去的 100 多年里发生了很多变化，但药物研发本质上仍然是一个在有治疗意义的药物靶点和药物化合物之间寻求匹配的过程。上述进展极大地扩展了我们对潜在药物靶点以及可用于对付这些靶点的药物化合物的范围和类型的认识。然而，即使在化合物和靶点的知识方面取得了进展，该匹配过程仍然是一个非常耗时耗力的过程。如果我们知道了目标，那么就需要一个一个地筛选化合物，以找到那些与之结合的化合物。在过去的几十年中，有两种方法已经发展起来，其目的是增强研究人员在化合物和靶点之间实现良好匹配的能力，它们是理性药物设计（rational drug design）和高通量筛选（high throughput screening，HTS）。下面将分别介绍这两种方法，今天大多数药物研究都将这两种方法结合起来使用。

理性药物设计。理性药物设计[1]试图借助详细的结构知识和特定疾病中"钥匙"和"锁"的相互作用来"设计"有治疗效果的分子。理性药物设计是一个多学科的领域，需要生物化学、化学、结构研究、化学合成、制药和计算机科学等领域的专家做出贡献。

理性药物设计的目标是根据分子和结构信息以及目标分子的生物和化学功能来开发特定药物。称其"理性"是因为它利用了关于疾病的详细知识，特别是生物相关药物目标的原子结构，并试图合成新的合适的分子，而不是找到现有的分子。因为需要有关受体和酶的结构的知识，理性药物设计有时也被称为"基于结构的药物设计"（structure-based drug design）。多年来，可以设计药物分子来治疗特定的疾病，而不是只能寻找药物分子，这一想法吸引了药物科学家。然而，如果不能借助分析工具来分离和描述药物靶点，以及

---

① 理性药物设计，英文缩写为 RDD，也称"精准药物设计""合理药物设计"。——译者注

在原子水平上建立分子结构模型，这种方法是不可行的。

　　一些技术的进步促进了理性药物设计的发展。如上所述，基因组学的一系列工具和技术的进步为确定潜在的药物目标奠定了基础。X 射线晶体学和核磁共振光谱学的发展使研究人员在原子水平上描述目标的能力得到了极大的提升。现在，研究人员有可能创建复杂受体和酶的高度详细的三维结构模型。分子的计算机建模和模拟是另一项改进，这使研究人员能够在硅谷迅速设计和筛选化合物。

　　高通量筛选。高通量筛选是一种自动化的、基于机器人的方法，用于合成和测试许多新的化合物，并采用多种检测方法来检测这些化合物对特定疾病的治疗活性。要测试的药物靶标被机器人与众多潜在药物混合，分别加入微孔板的各个孔中。然后机器人执行不同的实验程序，评估哪些潜在药物与药物靶点相互作用。发生相互作用的化合物被分离出来并进入后续筛选流程，其中许多步骤可以继续自动化处理。

　　高通量筛选可用于广泛的可能的化合物和目标。高通量筛选和组合化学的结合使研究人员可以每人每周筛选多达 100 万种化合物，而 20 世纪 80 年代他们每人每周只能筛选 100 种化合物。到了21 世纪初，许多制药公司每次筛选 10 万～ 30 万种化合物，产生100～ 300 种潜在的候选药物，其中只有一到两种值得进行进一步测试。高通量筛选过程中经常使用的一项技术是 DNA 微阵列，也被称为 "DNA 芯片" 或 "生物芯片"，这是一种强大的工具，通过使用极少量的两种化合物来筛选可能互动的 "钥匙" 和 "锁"。

总结

本章旨在让读者了解目前支撑生物技术革命的各种知识体系，并让读者感受到构成其基础的科学的广阔性和复杂性。本章包括药物研发的简要历史，以便读者洞察科学进步带来的巨大变化。我们可以使用 3 个主题思想来概括药物科学领域发生的变化的特点。

首先，药物研发领域的规模急剧扩大。历史上，药物研发是在一个由小型化学实体和几百个生物靶点组成的非常有限的框格内进行的，而科学的进步已经大大增加了有潜力的治疗药剂（重组蛋白、抗体等）的数量和范围以及有潜力的靶点的数量。此外，科学家现在有了更多的工具和技术来探索这一领域，以寻求其感兴趣的药物和靶点之间的匹配。正如随后章节将会探讨的那样，虽然这一领域内的增长是个好消息，但它也带来了一系列有关不确定性的组织上的新挑战。以前，药物研发组织必须面对的主要问题是稀缺的机会；现在要面对的问题是如何消化丰富的机会，而每一个机会都笼罩在不确定的迷雾之中。

其次，药物研发领域不仅范围更大了，也变得更加复杂和异质化了。40 多年前，药物研发主要以化学为基础，而今天则需要借助大范围的科学学科、工具和方法论。一些传统的科学学科已经转移到药物研发的舞台中央，如分子生物学、细胞生物学和生物生理学。今天的药物研发同样大量涉及化学、医学、数学、物理学、计算机科学、工程学和材料科学。此外，还出现了跨学科的新子领域，包括基因组学、蛋白质组学、生物信息学、计算化学、计算基因组学、化学遗传学、抗体工程、蛋白质化学和系统生物学。

再次，科学领域的多样性日益增强是个好消息。它带来了新的选择，但也带来了一些新的挑战。科学领域分裂成"知识孤岛"（specialized islands of expertise）的风险是真实存在的，并有可能严重削弱新科学在药物研发方面的优势。在制药行业，整合面临的挑战，特别是将不同的科学人才聚集在一起的挑战，从未像现在这样大。

最后，药物科学是持续进步的。传统技术虽然让位于新的工具、技术和知识体系，但它们并没有消失，也没有失去意义。这并不是新科学赶走旧科学的故事。在分子生物学时代，药物化学对药物研发仍然至关重要。20 世纪 70 年代中期首次被使用的 DNA 重组在今天仍然有效且有意义，它们没有被基因组学取代。事实上，本章所述的许多技术和方法都是相互补充的，而不是相互替代的。这种技术进步的层次感又带来了一些有趣的、创新性的公司组织层面的挑战。这个领域的挑战不仅仅是掌握新技术，还包括维护现有技术。这表明，人们在组织层面上也必须持续地学习。

本质上，这些特点——生物科学领域的规模扩大和复杂化，以及新旧技术的融合——给生物技术的生意创造了充满挑战的舞台。为了更全面地理解这样的挑战，我们必须把注意力转向药物研发过程。

第 2 章

药物研发的复杂度剖析

药物看起来是很简单的产品，但实际上不是。它们没有活动部件，没有复杂的软件，不需要保修，也不需要维护，使用说明也相对简单（与经典录像机或者其他电子装置相比）。确实，研发新药总不能比研发一辆新汽车（约 1 万个零件）、一架飞机（约 10 万个零件）或者一套 Windows 操作系统（约 4000 万行代码）更复杂吧。或者说，它有可能更复杂吗？实际上，药物研发是一个高度复杂的过程。它成本高、耗时，而且充满风险。从这些方面来看，药物研发与开发新的载客飞机、新的微处理器，甚至拍一部史诗级电影没有太大区别。

但药物又是不同的。药物直接影响人类福祉的潜力是巨大的。最新的数码相机可以让你开心，但它不太可能挽救你的生命。一个有缺陷的软件可能让你暴跳如雷，但不太可能伤害你的性命（哪怕它可能使你的血压升高！）。因为药物有能力拯救你的生命或者改善你的生活质量，也有可能伤害你，因此其风险高于其他类型的产品。这一事实渗透在药物研发的方方面面，其中监管就是最明显的。药物研发的另一个不同之处来自人体的高度复杂性和不确定性。正如前一章所讨论的，在过去的几十年里，虽然人体生物学的知识激增了几个数量级，可人体生物学的很多方面依然是个谜。因此，药物研发多半被笼罩在极度不确定的迷雾中。

为了理解药物科学正在发生的革命性变化，以及了解制药企业面临的核心管理和经济上的挑战，我们需要了解药物研发的过程，也需要了解其特征。这些特征带来了特有的业务挑战，也解释了制药行业为什么无法全盘套用其他行业的战略和路径。

药物充当着复杂系统的组件

药物被寄予厚望，人们希望它能够（往好的方向）改变机体内生物系统的运转方式。从这个角度看，药物类似于一个高度复杂的系统的组成部分。药物研发就是找到新的组成部分，并测试它在系统中的作用。正如前一章所讨论的，许多新技术都可以应用于药物的研发和测试。为了弄清药物研发工作者可能遇到的困难，通过跟踪一种典型的药物（这里是指口服药片）在体内"旅行"的路径来说明一种药物可能以什么方式失败是很有必要的。

当病人就着水、牛奶或者其他液体服下一片药时，药片的"旅程"就开始了。药片到达肠胃，在这里，它被消化酶弄碎。当药片不断溶解时，里面的活性成分释放出来，这样这些活性成分就能进入血液，但仅仅这一步就充满了风险，对候选药物来说尤为如此。药片溶解和释放活性成分的速率很关键。如果药片溶解得过慢，没有足够的活性成分被身体利用，就会影响疗效。如果药片溶解过快，活性成分太多，副作用就会发生。活性成分的结构、物理特性及配方在决定溶解的速度方面起着关键作用。

当活性成分从药片中脱离，它们依然面临着额外的障碍。肠胃中的消化酶会攻击治疗剂，转换它的结构，使它失效（这就是为什么像蛋白质和单克隆抗体这样的生物大分子只能注射——它们起作用的结构在消化过程中无法保留）。而活性成分——假设它存活至今——需要穿过小肠的屏障，被血液吸收。为了使这个过程顺利进行，进入体内时只是干燥粉末的活性成分现在必须能够溶解。此外，它还必须以一定的速率被吸收。

一旦活性成分成功进入血液，它便会通过血液在身体中流动。它的分子将与细胞受体、酶和其他有亲和力的靶点结合和互动。正如第1章所述，药物治疗目标是让分子与靶点相互作用，即"击中"目标，以促使产生预期的治疗效果（例如阻断或者加速身体中某种化学物质的产生，从而调节某种疾病的进程）。在药物研发的早期，人们面临的主要问题就是确定特定疾病的靶点，以及找到能击中这些特定靶点的分子。只有当靶点选择正确，且药物能够击中靶点时，药物才会生效。在药物击中靶点之后，它通常会启动一系列复杂的生物反应，从而最终达到想要的治疗效果（例如降低血压、阻止癌细胞扩散、消除炎症等）。

但是，即便药物走到了这一步——进入了血液并击中了正确的靶点——它依然不能确保治疗成功。虽然药物可能击中了有益的靶点，但是它也可能和其他有着相似结构的靶点结合。在这个过程中，药物可能触发另外一系列的反应，并且可能造成副作用。和疗效相比，有时这些副作用相对较小，但有的时候，副作用可能严重到足以使该药物无法作为一种治疗选择。而最终，就算药物有疗效，而且带来的副作用可以忍受（与益处相比），药物可能还需要在体内留存足够长的时间，以达到理想的疗效，但是药物又不能留存太长时间，以免带来过多的副作用。（幸运的是，）一枚药片就像我们摄入的其他物质，并不会永远停留在体内，它会被身体分解或者代谢。此外，在肝脏中代谢的药物可能对肝脏造成毒副作用。

这段关于药物如何生效的简短（而且过于简化）的"旅程"，让我们初步理解了药物研发面临的挑战。药物在很多方面都可能失败：靶点可能是错的——它发挥的作用可能并不是人们以为的那样；选出的分子可能是错的——它可能没有击中有益的目标，也可能击中了有益的目标，但也击中其他目标，带来了副作用；分子可能在血液中分解得过快或者过慢；分子可能不能溶解，或者可能在消化过程中失效；剂量也可能是错的——太大会引起副作用，而太小又会没有疗效。剂型的设计必须使药物能够以正确的速度释放和被人体吸收。同样，过快或过慢的速度都可能是一个问题。最后，研发药物的公司必须从实验室研究和临床试验中获得足够的数据，以说服像美国食品药品监督管理局这样的监管机构批准该药物上市。

而这些仅仅是药物在技术上可能失败的途径。在商业和经济上，药物同样有很多失败的方式。药物必须能够生产出来。有些药物的分子过于复杂，以至于人们很难找到可行的生产工艺，或者药物的制造成本过高，使其在经济上不可行。必须说服医生开这种药物，必须说服托管护理组织（以及美国政府以外的其他大多数政府）购买这种药物，必须说服病人服用该药物。而且所有这些挑战都必须在快速发展的科学和市场环境中加以解决。

在很多层面，药物研发的组织流程正好反映了药物在人体内运行的路径。虽然各种问题出现的顺序不同，但是以上提到的每一种潜在问题，在研发过程中都有特定的阶段进行处理。下一小节将简要回顾这个过程。

药物研发过程概述

图 2-1 展示了药物研发的各个阶段。[1] 图中引用了第 1 章提到的工具和技术。为了提供更具体的过程说明，我们会引用一个具体的药物研发的例子，并讨论其每个阶段出现的情况和问题。这个例子是虚构的，却是来自作者在过去 10 年间对数十个药物研发项目的观察和分析。这个例子以一个项目为重心，该项目的目标是找到炎症疾病（如类风湿性关节炎、骨关节炎，甚至一些心血管疾病）的新疗法。

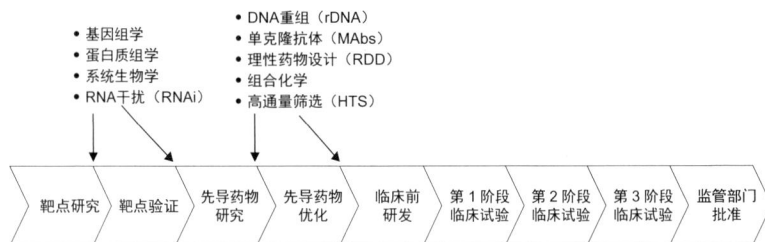

图 2-1　药物研发的各个阶段

靶点研究与验证

靶点研究与验证指的是确定具体的生化途径、受体、蛋白质或基因，以将其作为疾病中合适的干预点。我们讨论的例子中的公司有一个旨在研发治疗炎症的药物的长期项目。该公司拥有一个由分子生物学家、细胞生物学家和生物化学家组成的研究团队，想要在与一所大学化学生物学系及其教学医院的科学家的合作之下，找到炎症发展进程中的新靶点。基于先前的科学研究和近年来的基因研究，有假说认为某种生物化学途径有可能在炎症中起着关键的作用，这个假说就是研究团队的工作起点。通过研究这种途径，也就是一系列造成炎症的生物化学反应，研究团队希望找到某个可以用药物抑制的点。分子基因学家专注于确定具体疾病中的基因。在实验中使用 DNA 芯片能够收集在疾病中发挥作用的数千个基因的表达数据。该公司要求生物信息学小组根据公开可用的基因测序数据和该公司专有的数据库来剔除基因序列，以确定可能与疾病有关的基因。

4 年多过去了，研发团队得到了一组潜在的药物靶点。然后，蛋白质化学家参与进来，开始合成这些潜在靶点的蛋白质，并描述它们的性质。此时的关键点在于找到"可药用"的备选靶点蛋白质。不是所有的靶点蛋白质都适合用药物干预。研究团队需要找到可能有药物分子可以与之结合的靶点。这种药物分子还必须具备很好的药物特性——具备合适的吸收和代谢速率。对潜在的结合位点进行结构分析，可能会发现某些靶点存在的关键问题。例如，一个靶点能结合的药物看起来只能注射而不能口服；另一个靶点可能没有合适的结合位点，而且该公司的有机化学家对于找到能与之结合的分子也感到不乐观。进一步的结构分析表明，某个靶点蛋白质和某个已经有药物成功锁定的其他靶点蛋白质的结构相似。现在团队将搜索重点放在这种酶上。

对于这种酶是产生炎症的罪魁祸首这件事，尽管先前的研究提供了一些证据，但是还没有能下定论的研究成果。所以，研究团队的首要任务是通过对"基因剔除"的小鼠进行一系列实验来验证靶点，这些小鼠经过基因工程的改造，既能过度表达这种酶，也能对这种酶表达不足。这一系列实验产生了许多数据。然而，就像所有的科学研究一样，答案从来不是百分之百确定的。炎症水平和该蛋白质的表达水平之间似乎存在着很强的统计学意义上的关系。研究团队又做了一些附加的研究，得到了和先前的结论一致的附加数据。进行了 6 个月的实验之后，研究团队终于找到了一个合理的靶点，可以进行药物研发工作了。这时是研究项目进行的第 6 个年头。

先导药物研究与优化

下一步是找到一个分子——一种潜在的药物——以抑制这种酶。在这个阶段，该公司的发现化学小组开始参与进来。使用酶的结构模型和已知的知识，发现化学小组得出了可能抑制这种酶的分子的几种类型。现在几个小组都参与了该项目。计算化学小组使用计算机对可能和酶结合的分子的结构进行分析与建模。医药化学小组使用传统化学和组合化学的方式合成备选的化合物，而高通量筛查小组则负责针对靶点筛查这些备选的化合物。由于有了能够快速合成和筛选化合物的工具，研究团队在这个阶段可能测试数以万计的备选的分子。在这个阶段，研究团队在寻找能够与靶点结合（"击中"靶点）的分子，而不能够与靶点结合的分子就可以排除了。研究团队会进一步将筛查的化合物限制在类药物的特征上。[2]

经过这样的先导药物研究过程，研究团队得到了几种看起来很有希望的化合物，他们接下来的工作需要找到这些化合物的类似物或衍生物[①]。类似物和衍生物与原本的化合物一般具有相似的特性，只是细节不同，常常可以用来保留药物特性但弥补药物缺点，但具体情况需要通过实验才能完全确定）可能具有更优秀的性质。这个不断迭代的过程称为"先导药物优化"。经过这个过程，产生了一个候选化合物（CC-25），它看起来与靶点结合得最好，并且在结构上比其他化合物更令人感兴趣。这种化合物所属的化合物类别对人类没有已知的毒性（当然研究团队也清楚，每种化合物都是独一无二的，都充满惊喜和惊吓）。研究团队和该公司的专利顾问核实后确定这种化合物没有被其他人申请专利。

在这个阶段，该公司对这种化合物的了解还比较有限。研究团队的科学家们发现它能与其他分子结合，但在对它的结构进行分析之后并未发现任何令人担忧的问题。但是，在这个阶段，科学家们知道，这个化合物奏效且变成商业上可行的药物的机会只有 1/5000。请注意，在这个阶段，这个分子要么是"赢家"，要么不是。问题是研究人员并不清楚哪一种化合物会是赢家（尽管根据以往的经验，他们推测就是这种化合物，但是就像其他大多数化合物一样，这种

[①] 类似物是一个药学名词，指的是与现有药物分子在化学结构上具有相似性的化合物；衍生物是一个有机化学概念，指的是一种简单化合物中的氢原子或原子团被其他原子或原子团取代而衍生的较复杂的产物。

化合物依然很可能是个失败品）。研究人员现在面临的任务是进行一系列的体外和体内实验，以产生数据，数据可以告诉他们这种化合物是否值得进行临床试验。

临床前研发

临床前研发包括在进行临床试验之前生成关于候选化合物的安全性和效用潜力的数据。这个过程一般需要一年左右的时间。该公司对 CC-25 进行临床试验之前，必须通过一系列（动物）体外和体内实验来评估其潜在的安全性和有效性。化合物首先在细胞实验中进行测试，然后它将被注射到有炎症的小鼠体内。它看起来能减轻炎症吗？它是否会产生毒性（例如损伤肝脏、致癌）？研究团队还在动物身上进行研究，以了解该化合物的吸收、分布、代谢和排泄率（这些被称为"ADME 研究"）。这些实验结果进一步提供了数据，以确定该分子是否是那 1/5000 的赢家。最重要的是，研究团队想要找到一种化合物，它在人体内既安全又有效，而且方便使用，同时具备商业可行性。在细胞实验和动物实验中进行的早期阶段测试是这一过程的模型。小鼠在生物学上与人类不同，对小鼠有效的药物往往对人无效，但动物试验可以用来获得有关药物效果的线索，并确定潜在的安全问题。

有一定概率，我们的 CC-25 永远也走不到临床试验那一步。它很可能在实验动物身上无效，或者引发安全隐忧。这时，另一个"备胎"化合物（通常是有微小差异的衍生物）将继续进行合成和测试。在实验数据看起来足够有希望之前，还需要额外测试好几种化合物，直到实验数据看起来足够有前景，能够汇集所有信息并提交新药研究（investigational new drug，IND）申请以进行临床试验。

临床试验（第 1 ～ 3 阶段）

临床试验的目的是评估候选药物在具体患者群体中的安全性和有效性。该试验是美国食品药品监督管理局要求的，只有通过临床试验，新药才能上市。我们的炎症候选药品（现在命名为 CC-30，因为 CC-25、CC-26、CC-27、CC-28 和 CC-29 都失败了，没能达到预期）已经万事俱备，可以进行第 1 阶段的临床试验了。该公司决定研发治疗风湿性关节炎的药物，这是一种导致关节疼痛和炎症的疾病。第 1 阶段临床试验的目的是在一小部分（通常为 10 ～ 100 人）健康志愿者中评估药物的安全性。治疗危及生命的疾病（如癌症）的药物的第 1 阶段临床试验可以在罹患疾病的病人身上进行。CC-30 的第 1 阶段临床试验从第一个病人参与试验到完成数据分析需要一年时间，该公司花费约 1000 万美元。

如果第 1 阶段的临床试验表明（至少在初期）CC-30 是安全的，该公司会继续进行第 2 阶段的临床试验。第 2 阶段临床试验的目的是进一步检查药物的安全性，以及在目标患者群体中不同剂量的药物的有效性。一次典型的第 2 阶段临床试验需要 50 ～ 500 名患者参与，可能需要一到两年的时间来完成。CC-30 以 5 种不同的每日剂量（10 毫克、25 毫克、50 毫克、75 毫克和 100 毫克）进行评估。这些研究还包括一个只接受安慰剂的患者对照组（对于危及生命的疾病，这可能会有所不同）。

临床试验结果看起来很有希望，但依然没有消除所有的不确定性。10毫克和25毫克的剂量效果几乎没有差别。100毫克的剂量效果最好，但是引起棘手的副作用（胃痛和一些肝酶的升高）的概率也相对较高。50毫克和75毫克的剂量有显著的疗效，没有明显的副作用。医学组更偏爱75毫克的剂量，因为它的疗效比50毫克的剂量强得多。然而，工艺研发小组和生产小组进行了制造成本的初步估算，其结果给营销团队带来了困扰。CC-30是一种复杂的化合物，需要15个合成步骤来制造。因此，生产它的成本将很高，由此产生的每天75毫克的治疗价格将远远高于有可能在第二年就获得批准的竞争产品。

在这个阶段，该公司高管要求研究团队采用两种方法。过程化学小组被要求专注于研发一种新的合成途径来降低生产成本，使得每天75毫克剂量的价格变得有吸引力。同时，配方小组被要求研发替代剂型，或许能提高50毫克片剂的疗效。经过6个月，两个小组都有了结果。现在75毫克片剂的制作成本可以降低30%，而且对剂型的一些修改似乎也可以提高药物的疗效。于是过程化学小组再次开始了对50毫克和75毫克片剂的第2阶段临床试验（即2-B阶段），以确认工作成果。有人担心采用新剂型的75毫克片剂可能带来原100毫克片剂的一些令人不安的副作用，但数据还不清楚。然而，采用新剂型的50毫克片剂似乎效果特别好，也没有带来严重的副作用。基于这些数据，该公司决定进入临床试验第3阶段，以推进CC-30（现在命名为"罗摩塔克"）的上市许可。50毫克和75毫克片剂都将在临床试验第3阶段中进行测试。这个项目临床试验的第2阶段耗资4000万美元，历时两年。

第 3 阶段临床试验的目的是在更大的患者群体中验证药物的疗效，患者群体通常包括世界各地的几百甚至上万名患者。单单招募患者参加临床试验就是一个挑战，因为第 3 阶段临床试验多数需要多个临床试验地点。通常还要对患者进行较长时间的跟踪，以评估药物的长期疗效和潜在的长期安全问题。这种试验的成本可能为 5000 万～ 5 亿美元。罗摩塔克从开始组织到完成所有的试验，几乎需要 4 年时间。

监管部门批准

为了向市场推广一种药物，该公司必须将药物研发的结果和信息汇编成一份监管上市申请，提交给美国食品药品监督管理局（或其他国家的同等监管机构）进行审查。基于罗摩塔克的第 3 阶段临床试验，该公司向美国食品药品监督管理局提交了新药许可申请。数据显示，60% 的患者对 50 毫克片剂的反应特别好，但是这个效果比第 2 阶段临床试验中得到的 75% 的反应率低得多。75 毫克片剂的反应率约为 85%，但一些患者出现了胃部不适的现象。而且还出现了一个在早期研究中未见的副作用：25% 的病人手臂上出现了轻微皮疹。这类皮疹似乎并不严重，因此该公司请求批准 50 毫克和 75 毫克片剂。美国食品药品监督管理局的审查过程通常需要一年左右，但也可能需要更长时间。按照惯例，美国食品药品监督管理局会对该公司进行跟进，要求其对某些关于罗摩塔克的研究和结果做出更多澄清。美国食品药品监督管理局不仅将决定该药物是否可以上市，还可以决定该公司在营销过程中可以基于数据宣传药物的哪些特点和疗效。在罗摩塔克的案例中，美国食品药品监督管理局首先批准了50毫克的片剂（每天1片）。在仔细探讨了皮疹是否预示着任何更严重的副作用之后，75毫克的片剂也得到了批准。但是，美国食品药品监督管理局要求该公司对服用75毫克片剂的病人进行密切的上市后监测，以确定该剂量的副作用的长期发生率和严重程度。

作为药物研发过程示意案例，CC-25（后来是CC-30，再后来是罗摩塔克）是十分特殊的情况。正如前文所述，大多数候选药物未能进行临床试验，且那些候选药物中的绝大部分从未进入市场。它们因安全问题被否决，或者被证明是无效的。即使是罗摩塔克也未必能够以商业成功而告终。药物的销量可能比预期的要低得多；药物可能会遇到更多的竞争者；药物可能会出现监管问题，甚至可能产生专利冲突。

总结

本章介绍了药物研发过程的机制。至此，读者应该能够感受到药物研发过程的复杂性和深刻的不确定性。为了帮助读者理解药物研发最显著的特征，以及药物研发在组织层面和管理层面面临的独特挑战，下一章将进一步介绍这个过程。

第 3 章

药物研发与组织架构面临的挑战

　　研发对于药物企业而言属于关键投资。研发的好坏决定了药物竞争力的高低；药物和生物技术行业的财务表现与研发过程的经济情况是深度绑定的。如果我们想理解这项业务是如何运作的，以及它的与众不同之处，就需要理解研发过程有哪些特征。虽然药物研发在很多方面和其他行业的研发相似，但药物研发面临的挑战是由生物知识的局限性和人类生物学的限制所决定的。第 3 章概述了这个过程是如何运作的——发生了什么、什么时候发生的、为什么会发生。本章将探究药物研发过程中的各种特点，以及这些特点如何影响该行业的经济基础和商业盈利模式。通过与微处理器的设计类比，将药物研发放在普通的背景之下，这有助于本章其余部分集中讨论药物研发的特征和面临的挑战。

假如微处理器是药物

　　现代微处理器——例如英特尔双核处理器——复杂得超出想象。

它们每秒能够执行数十亿次运算，集成了数百万个电路，其密度之高使得电路线条的宽度接近光的波长。它们对制造公差的要求几乎比地球上任何其他产品都要严格（一粒灰尘就足以毁掉整个设备）。当设计师开始设计一个全新的处理器时，他们面对的是处理器必须做什么（速度、功耗等）的明确规范。更重要的是，对于全新的处理器将用于何种系统（例如使用 Windows 操作系统的个人计算机），设计师也需要遵守非常明确的规范。系统的架构，以及芯片与系统之间的接口都是预先明确的。哪些部件和子系统相互作用、哪些部件作为独立的"模块"发挥作用，这些都是明确的。即使有些部件没有明确规定（例如内存芯片、总线），设计师对这些部件将是什么样子，以及它们将执行什么功能也有大致的了解。如果系统中的某些部件给微处理器的设计带来了严重的限制，该部件本身还可以重新设计，以适应微处理器的设计。最后，由于对整个系统以及芯片设计的物理学的详细了解，设计师能够在将最终设计刻在硅片上之前，使用大量的模拟工具在虚拟系统中设计和测试设备。

现在我们来看看，假如设计师在以下限制条件下工作，芯片设计的过程会是什么样子。他们被告知，需要设计一个芯片来解决一个十分具体的问题，还被告知了一些性能规格（速度等），但他们并没有被告知关于芯片将进入的计算机系统的很多细节。例如，他们没有被告知芯片进入系统的确切位置，也没有被告知关于设备"插入"系统的位置的详细物理特性信息（例如需要多少个针脚插入连接器）。更糟糕的是，他们对芯片如何与系统的其他部分通信没有多少了解。他们对自己的微处理器需要对接的系统的其他部分只有模糊的认识。他们可以从文献中了解很多这方面的知识，但他们必须在很大程度上依赖来自过去项目的经验。此外，运行整个系统的软件是极为复杂的，但遗憾的是，它并没有被很好地规范化。设计师只能接触到"源代码"的部分片段。

如果这听起来还不像是一场设计师的噩梦，那么再考虑一下这样的可能性：这个芯片将进入的系统的其余部位已经完全设计好了，并且不能改变。设计师不能要求负责其他部件和子系统的同事重新设计以解决他的问题。所有的电路都已经固定好了，所有的软件都已经设计完成，不能更改。系统就是这个样子。我们假设中的芯片设计师必须做出一个能在这个复杂的（还未能完全理解的）系统中精确适应和生效的设计。但还存在其他复杂的问题。由于系统中各部件存在非常高的相互依赖性，芯片设计中的微小变化可能对系统性能产生深远的（正面或负面）影响。此外，事实证明，当我们制造这些计算机时，它们每一台都有一点不同（但我们不确定哪里不同）。因此，芯片在每台计算机中的工作方式可能也不同——或者它可能根本就不能工作。

如果这就是芯片设计师工作的世界，芯片设计看起来将与今天大不相同。首先，大多数芯片开发尝试大概率会失败。即使是那些被认为"成功"的芯片，其在不同机器上的表现也可能存在很大差异。设计过程在很大程度上是一个试错的过程，以科学原则和设计师在过去的项目中积累的成功经验以及失败经验（更重要）为指导。这个过程也将更加复杂，因为芯片设计师需要尽可能多地了解其他系统部件的情况。现在，如果我们把药物看作进入一个非常复杂的系统（人体）的部件，那么上述画面就非常准确地描述了药物研发科学家所面临的挑战。

微处理器的比喻突出了药物研发的两个极为重要的特征，它们对药物研发的组织流程有重大的影响。第一，由于药物研发过程的深刻而持久的不确定性，因此它具有很高的风险性。这种不确定性受限于我们目前对人类生物系统和生物过程的有限了解。第二，药物研发过程具有不可分割的特性：它无法被明确地分割成不同的部分。虽然以上特征也存在于其他行业中，但二者同时存在且都非常夸张的情况是药物研发行业所独有的，这对药物研发的经济层面和管理层面，以及整个制药业务都有十分重要的影响。

源于本质的长期不确定性

根据研发的定义，所有研发都是不确定的。不确定性绝非药物研发的独有特征。然而，这种不确定性在制药行业中是相当独特的。在大多数行业，基本的技术可行性在研发过程中通常是不受质疑的。汽车设计师对许多设计细节都非常担心，而且需要努力解决汽车各个部分的困难的工程问题。他们有可能非常担心产品的经济效益。这种设计能实现生产吗？这款汽车能吸引客户购买吗？然而，他们大概率从来没有担心过基本的技术可行性问题。因为几乎可以百分之百地肯定，在研发过程结束时，他们一定可以生产出一辆可以跑起来的汽车。这辆汽车最终可能是一款令人失望的产品，但它一定能跑起来。即使在像电子和半导体这样的高科技领域，情况也是如此。当英特尔工程师着手开发下一代微处理器时，他们几乎可以肯定地知道，他们最终肯定会得到一个能运行的设备。在大多数情况下，基础的技术不确定性在整个过程的早期就得到了解决。

　　药物研发在这一点上不同。绝大多数的药物研发项目都会失败。研发中的候选药物经常在经过试验后被证明，它既不安全，相对来说也算不得有效果。因此，当制药科学家开启一个研究项目时，他们实际上几乎可以肯定地说，经过多年的努力，他们大概率无法收获劳动果实，即可以被批准上市的药物。在大多数行业中，"研发"一词实际上被误用了。大部分的资源和人力都用于已经验证技术可行的概念的后续"开发"。

　　而在制药领域，情况正好相反。合成化合物中最终能够被批准上市的不足 1/6000。[1] 从历史上看，即使在提交了新药研究申请以开始第 1 阶段的临床试验之后，在进入下一阶段临床试验之前，该药物依然有大约 60% 的可能性在开发中面临失败。进入第 2 阶段临床试验的药物，只有 50% 的机会进入第 3 阶段临床试验。即使药物进入了第 3 阶段临床试验，失败的概率也可能高达 50%（这取决于治疗分类）。换句话说，如果你有一个开始进行临床试验的 10 种候选新药组合，你应该预期有 4 种能进入第 2 阶段临床试验，有 2 种能进入第 3 阶段临床试验，而最终会有一种新药被批准上市。[2] 如果以被批准上市为成功标准来估计项目的成功率——一种药物在完成第 2-A 阶段临床试验之前的成功率甚至不到 50%。[3]

　　所有这些都意味着，总的来说，用于药物研发的绝大多数资源都用在了最终成为"炮灰"的项目上了。这种关系并非偶然。制药行业的投资大部分都集中在试验之上，这些试验的目的是获得关于药物的安全性、有效性和适应证的信息。换句话说，制药行业研发的本质是通过获取信息和解释信息来不断地降低不确定性。

在大多数情况下，我们可以把研发过程看成与设计的演变有关。汽车、电子系统、飞机、软件和娱乐等行业的产品开发是一个不断想象和不断试验的过程，通过一系列操作来测试产品，以达到预期的功能目标和经济效益目标。在这些情况下，产品不是通过寻找得到的；而是通过一系列的设计和测试的迭代过程得到的。例如，在开发汽车或者半导体的项目中，讨论它的设计如何随着时间演变是有意义的。例如，最初的产品概念（高层次的产品诠释）可能已经被创造（设计）出来了，但是产品的细节是通过不断设计和测试的迭代过程来完善的。

对于药物研发而言，这些描述语句并不十分准确。鉴于我们目前对药物研发的了解，像讨论设计电子电路一样讨论药物的"设计"是没有意义的。药物研发始于识别和验证有效的治疗靶点：受体、酶和其他可能在疾病中起作用并可能成为药物治疗的干预点的蛋白质。这些靶点不是设计出来的，它们是生物学中的既定事实。科学家并不能创造靶点——靶点是大自然创造的。科学家只能找到靶点并弄清楚它们的作用，以及它们是否对药物干预有反应。

对于科学家试图将其转化为药物的分子来说，情况也基本如此。分子是被发现而不是被创造的。"新"分子实体（有机化学品、生物制剂）在本质上根本不是新的。虽然分子可以通过合理的药物设计方法来设计，但绝大多数分子已经（以某种形式）存在于自然界。它们就在那里（有时在南美洲的丛林里，有时在实验室的架子上），等待着被发现，或者等待着它们的用途被发现。因此，药物不会以汽车或半导体等的演变方式演变。那样的演变对于药物研发而言不是特别有意义。相反，分子是被选中而进行进一步的分析和测试的。

如果一个分子看起来有效，研究人员就会对它进行更多测试。如果有任何证据表明这个分子不是大赢家，研究人员就会放弃这个分子，并重新开始分析和测试。不同的是，在药物研发中，设计是一种抽样测试。一个分子被证明有问题时，整个设计就会被放弃，然后再取新的样本（尽管之前失败积累的知识对寻找替代药物有指导作用）。

这样的搜索过程的不确定性取决于两个因素：指导哪些选项可能会有药物活性的先验知识（选择），以及预测效果良好的测试模型（筛选）。在药物的很多领域中，这两个因素都很受限。尽管在过去的几十年里，遗传学和分子生物学取得了非凡的进展，但对科学家来说，预测一个特定的分子将如何在人体中发挥作用仍然极为困难。在今天的许多行业中，研发中的不确定性可以通过计算机拟合模型和相对便宜的原型测试来快速有效地降低。但要使模型的预测准确，对因果模式和相关参数之间的相互作用（如果 X，则 Y）的深入理解是必不可少的。波音公司的设计人员所使用的模拟模型对喷气式飞机的飞行方式的预测具有极高的准确性，因为这些模型是建立在相当精确和被充分理解的空气动力学原理之上的。

对于生物医学的许多领域来说，人们通常缺乏这样深刻的因果关系知识。人们可能知道某种蛋白质（当表达过量时）在对某种疾病的治疗中起作用，但基因组学的进展表明，多种蛋白质之间往往还存在复杂的相互依赖关系。抑制一种蛋白质可能会引发意想不到的连锁反应，从而产生有害的影响。薄弱的生物学知识也使得将对动物研究的结果推及人类十分困难。已经有许多癌症化合物在实验室小鼠身上显示出巨大的效果，但在人类身上却完全无效。小鼠生物学和人类生物学之间微妙的、没有明显特征的差异通常是导致这些令人失望的结果的原因。

由于缺乏强大的先验知识和高保真测试模型，药物研发本质上是一个循环反复和归纳的过程，整个过程持续存在高度的不确定性。

整体性

几乎所有的研发都需要解决许多类型的问题。此外，这些问题的解决方案必须是相互兼容的，甚至是集成一体的，这样它们才能作为一个整体而工作。整合的挑战在高度复杂的物理系统（如微处理器、电子设备、汽车和飞机）中很容易看到。在这些情况下，各部分（包括软件）必须真正地结合在一起并发挥作用，而整合不良的结果很快就会在系统的外观和性能上显现出来。正如前面所讨论的，药物在物理上并不复杂，也不由许多在功能上相互依赖的部件组成。尽管如此，药物的开发仍需要跨越多个科学、技术和功能领域，具备高度的跨领域综合问题解决能力。

虽然所有的产品在某种程度上都需要整合，但在不同的情况下整合的方法大不相同。在某些情况下，一个大问题可以分解成一系列相对独立的子问题，能够以这种方式分解问题的能力叫作模块化能力。通过模块化的设计方案，每个子问题（或模块）都包含一组相对独立的任务和解决问题的程序。台式计算机就是一个很好的高度模块化系统的例子。其核心的组件——微处理器、内存、硬盘、显卡、声卡、软件、键盘、显示器等——都需要协同工作。然而，由于组件之间有明确的接口，而且组件之间有相互联系的标准，在一定程度上，它们可以彼此独立设计。模块内的组件（如微处理器）有高度的相互依赖性，但模块间的组件有高度的独立性。[4] 实现模块化通常需要明确界定的接口和标准化规范，这些规范详细说明了系统各组件应如何组合并协同工作。典型的例子是基于 Windows 操作系统的个人计算机。Windows 操作系统和英特尔 X86 微处理器提供了一套标准和架构，规定了其他组件应如何配合和工作，因此各种组件（软件应用程序、图形卡、存储等）可以相对独立地进行开发。

模块化有很多好处。[5] 例如，由于它能够实现子系统的并行开发，因而有利于缩短开发周期。模块化还增加了可以实验的次数，带来了更多改进的机会，从而可能导致更快的创新速度。模块化还能对产业结构，特别是企业的组织边界产生深远的影响，因为这降低了各子系统协同开发的复杂性和成本，模块化使这些子系统可以很方便地外包出去。[6] 同样，个人计算机行业是一个很好的例子。个人计算机的模块化架构为组件和子系统大量地外包给外部供应商铺平了道路。每个特定模块（如硬盘）的供应商之间的竞争可以刺激创新，还可以降低采购成本。

不可分割的系统和整体性的问题是另一种极端情况。与模块化相反，整体性意味着组件或问题之间高度依赖和相互联系。在整体性系统中，一个问题的解决方案要么影响了另一个问题，要么被另一个问题影响。在这种背景下，解决问题需要跨越不同问题所在的领域并寻找整体最优解。汽车的车身就是高度集成的设计。对于汽车而言，任何给定的外观（例如运动型外观）都是不同设计元素和设计线索以微妙的方式组合在一起的结果。例如，如果不考虑前挡风玻璃支柱的角度、侧板的几何形状等，就无法决定前引擎盖应该

科学的生意：生物技术公司如何赚到钱

如何倾斜。这就是为什么汽车公司一般会指派一个独立的团队专门负责车身外观设计。

药物就是整体性产品的一个例子。令人惊讶的是，药物的组件很少。绝大多数药物都由一种活性的化学或生物成分辅以其剂型①所需的非活性成分组成。可以说这就是药物的两个基础"模块"，但这并不十分准确。活性成分和剂型所需的非活性成分不是相互独立的，所需的非活性成分的设计取决于活性成分的特性。虽然有几种设计剂型所需的非活性成分的标准方法，但通常还需要在剂型所需的非活性成分和活性成分之间进行很高程度的定制。最终，药物的性能（安全性、有效性）将由活性成分和剂型所需的非活性成分共同决定。例如，一个吸收性能差的分子的药理性能可能会通过剂型的设计而得到极大的改善，反之亦然。

然而，问题甚至更复杂。回到药物的概念，它是被放入一个系统（人体）的组件。人体生物学极为复杂且高度集成，而且不可更改。药物研发科学家无法将这个系统模块化。生物学的某些领域是模块化的，而其他领域则不是。人们并不能总是知道哪些系统落入了哪个分类中。生物系统的整体性使其难以被分割，或者说难以将解决问题的基本过程分开。药物本身的物理特征决定了其不容易被拆分成独立的模块，那是否有可能将药物研发所需的各种有用的和专业的流程（例如靶点发现和验证、先导药物研究和优化、工艺开发、临床试验等）当作独立的"模块"呢？然而，虽然有可能将某些工作分开，但药物研发的各种要素——从研发贯穿到监管部门批准——往往是互相高度依赖的。

---

① 剂型即药物剂型，是药剂学的重要内容，指的是药物的应用形式，如软膏、颗粒、片剂、喷雾等。——译者注

064

我们来看一下药物研发确定靶点的难题。需要解决的大问题是，一种疾病的基本机制是什么，以及在治病过程中，药物治疗可以干预的位置在哪里。因为人体生物学极其复杂，确定靶点是一个多元的难题，与很多相互依赖的要点相关。生化途径是什么样的？哪些基因可能在起作用？它们是如何相互作用的？这些基因表达的蛋白质是什么？这些蛋白质的作用是什么？这些蛋白质的结构是什么？这些蛋白质成为"可药用"的靶点的可能性有多大？回答这些问题需要融合不同学科（如结构基因组学、功能基因组学、细胞生物学、分子生物学、蛋白质化学等）的知识和多样化的研究方法（如计算方法、高通量实验技术、传统生物学实验方法等）。

在研发的后期阶段，同样需要跨学科的综合，涉及诸如毒理学、工艺开发、剂型配方设计、临床试验、生物统计学、法则事务和市场营销等多个不同领域。想要通过一次解决一个孤立的问题来成功研发一种药物是很难的，甚至是不可能的，因为每一个技术选择（靶点的选择、开发分子的选择、剂型配方设计、临床试验的设计、目标患者群体的选择、制造工艺的选择等）都会对其他技术规划产生影响。在此，再举一个可能有助于理解的例子。

它是一种处于人类临床试验早期阶段的癌症候选药物，是一种新型化合物，可干扰癌细胞表面的受体。据推测，这种受体在导致细胞不受控制地生长的一连串生化反应中起着关键作用。然而，尽管该新型化合物的活性成分明显使实验室动物的肿瘤变小了，但临床试验的早期结果却令人失望。一小部分患者似乎反应良好：他们的肿瘤非常明显地变小了，疗效似乎也持续了挺长一段时间，另一组患者暂时缓解了病情。但是，不幸的是，许多患者的病情似乎没有任何改善。这是怎么回事呢？

对这样的结果有许多可能的解释，但解决这一难题所需的信息可能来自不同的渠道。一种可能性是，受体实际上并没有发挥之前所假设的作用。也许干扰这种受体对癌症根本没有影响。也许这种受体发挥的作用取决于若干与之协同的其他受体发挥的作用。也许这种受体对实验室动物的癌细胞起着重要作用，但在人体内却不起作用。还有一种可能是，目标受体是一组有密切联系的受体家族的一部分：干扰一个亚型有强大的作用，而干扰其他亚型则没有什么作用。也许由于遗传的原因，目标受体的结构在不同的人体内略有不同（药物对其有疗效的人可能具有药物分子所针对的亚型）。当然，癌细胞本身极易发生突变，也许在一些患者身上，靶向受体随着时间的推移发生了变化。这可以解释为什么药物在一些患者身上效果很好，但在另一些患者身上却没有效果。

当然，也许目标受体是正确的，但正在测试的候选分子却不是正确的。也许候选分子不能很好地与靶点结合。最初在早期研究中测试的候选分子进入人体之后可能发生了微妙的变化。或者，也许候选分子在人体内被吸收和代谢时发生了某种改变。这可能需要改变剂型配方。也许不同的患者对同一药物的代谢方式不同：对一些患者来说，其吸收和代谢方式保持了候选分子的效力，但对另一些患者来说，候选分子被降解了。还可能存在剂量不正确的情况。如果我们以更大的剂量使用该药物，我们可能会在更多的患者身上看到更强、更持久的效果。当然，这可能会引起副作用，需要进一步检查。也许，如果我们对处于癌症早期发展阶段的患者使用该药物，效果会更好。也许不同的临床试验设计（例如更多数量的患者，或者测试该药物与另一种抗癌剂的组合）会带来更有效的结果。

如果这看起来像传说中的戈迪安之结①，那它便是。只看问题的一个方面或孤立地看问题的每个方面，是无法理清发生了什么的。要从花样繁多的解释中找出可能正确的那个，不仅需要多个不同学科的科学家的高深的专业知识，还需要这些科学家频繁交流。因此，想要解决问题，需要在不同领域反复尝试。我们可以将涉及的各种技术和功能领域视为照亮问题的某个方面。要发现并成功开发一种药物，必须全面理解整个问题。通常，单一方法或角度是不足以解决问题的。

"生物技术时代" 的药物研发

有关生物技术的流行说法和学术著作认为，生物医学科学的进步将改变药物研发的过程。虽然这大体上是对的，但人们通常认为，科学将通过极大地减少不确定性和简化过程而大大减少研发药物过程中药物企业所面临的挑战。然而，对这门学科进行更仔细的思考，应该会让我们暂时摒弃这种想法。事实上，我认为这门学科的进步至少在现阶段可能会增加不确定性，并增加企业在药物研发过程中所面临问题的复杂性。

科学进步对不确定性的影响

第 1 章阐述了药物研发领域规模急剧扩大的现象。这种学科界

---

① 西方传说中一个看不出绳头和绳尾的绳扣，用正常方法永远无法解开。——译者注

限的拓展对药物研发产生了什么影响呢？在试图回答这个问题之前，我们首先必须谈谈通常情况下科学知识和研发不确定性之间的关联。前人关于科学对技术问题解决的影响的研究认为，科学通过提供因果理论和"第一性原理"来降低研发的不确定性。这些理论和原则指明了问题的可行解决方案，并对好的解决方案的特点进行了说明，这样就可以减少搜索过程中的随机性。[7] 许多关于科学知识对研发影响的文献，都关注科学知识是如何通过展示有吸引力的选择来提高搜索效率的。[8] 因此，科学的进步应该通过减少科学家需要考虑的选项，以提高研发效率来实现。半导体就是一个很好的例子，它的发明从根本上改变了电子系统设计的可能性。空气动力学的知识也为航空工程师探索可行的机翼设计提供了方向。

人们通常认为，生物技术这门新科学对药物研发会产生类似的影响。也就是说，它将提供一套第一性原理，使药物发现过程更加理性化（即减少随机性与不确定性）。事实上，生物技术的投资人（和企业家）通常认为，这门学科将通过大幅降低候选药物的损耗率（药物研发的最大成本驱动因素）来改变药物研发的经济效益。

如上所述，科学进步开辟了新的领域。但这些进步并不一定会减少研发中的不确定性。如果能减少，恐怕也如预期，或者至少需要修正人们最初的期待。请看下面的例子。20 世纪 70 年代末，当重组 DNA 技术首次登上舞台时，人们对重组蛋白质作为药物有很高的期待。至少，它们被认为比化学合成的药物更安全，因为它们是"天然的"。它们还被认为可能更有效，因为它们利用了机体自身抗病机制中起作用的分子。生物技术药物的兴起曾被认为是化学药物终结的信号，然而，重组 DNA 产品的临床试验表明这些假设是有缺陷的。DNA 重组衍生的蛋白质就像化学合成的药物一样，也可能具有令人讨厌的副作用。而且，除了那些人们所熟知的替代蛋白质（如胰岛素、人类生长激素、第八因子）之外，重组 DNA 蛋白质的成功率并不比化学合成药物的成功率高。[9]

单克隆抗体也出现了类似的情况。最初，单克隆抗体由于其与特定疾病目标结合的能力而被视为"神奇的子弹"，然而，从小鼠细胞中提取的第一代单克隆抗体却往往是失败的，因为它们在人体内引起了免疫反应。直到基因技术公司的科学家想出了如何将单克隆抗体"人源化"，这项技术才在临床上取得成功。组合化学本应使传统的（"无逻辑的"）药物化学方法变得过时，然而，组合化学的最初应用被证明是令人失望的，因为其产生的许多化合物都没有生物活性。事实证明，药物化学家对具有生物活性的结构特征的了解对研发药物至关重要。

基因组学是另一个尤其有趣的例子。它让我们明白，科学的进步往往让我们走进了更多的未知领域，而不是让我们对已知领域理解得更透彻。以前人们认为，人类基因组包含 80 000 ～ 125 000 个基因。当人类基因组计划完成后，人们才惊奇地发现，真正的数字可能为 25 000 ～ 30 000。[10] 而如果不理解每个基因所起的作用，就很难利用这些知识来推动药物的研发。

上述例子表明，随着科学的进步，技术环境中的不确定性实际上可能是增加了，而不是减少了。这种情况是怎么回事呢？生物科技学科生态格局的 4 个基本特点加剧了药物研发过程的不确定性。

首先，更大的选择范围（更多的目标、更多的可选化合物、更多的方法）意味着更多的不确定性。这乍一听可能有悖常理，但事实并非如此。我们来看下面的例子。你在山上徒步旅行，只有一条路可以走。这可能不是一条很好的路，可能很危险。你甚至不确定它能不能通向你的家。但你别无选择，因为这是唯一的路。就你的行动路线而言，没有任何不确定性。结果可能是不确定的，但你的行动轨迹是确定的。如果你有 1000 条可选择的路，你也必须做出选择，而且每个选择的结果都有不确定性。药物研发也是如此。科学家试图找到一种疾病的治疗方法时有更多的选择可以探索。他们有了更多的选择，但他们也有了更多的机会失败，因为死胡同变多了。

　　如果我们对这些选择可能带来的结果有了更多的了解，更大的选择范围则不一定会导致更多的不确定性。如果你有一张很棒的地图，其中所有的小路都有明确的标记，那么选择范围变大就不是问题。你可以从中排除那些不能让你回家的小路。哪怕地图不那么完美，它依然是一个开始：你只需将某些选项排除，然后将试错的精力放在最有希望的那几条路上。这样就能够很好地应对不确定性。早些时候，科学有时可以比喻为地图：因为科学指明了前进的道路。[11] 但是，这种描述的前提是这门科学已经成熟了。它假定正在探索的地形以前已经被（一位先驱者）绘制过了。尽管在过去几十年中生物技术领域取得了巨大的进步，但我们仍然处于这一领域的初级阶段。从药物的角度看，人们有了更多的选择，但实际上人们对这些选择的可行性知之甚少。历史上，当药物研发局限在小分子领域，并且大约有 500 个潜在药物靶点时，人们对于这一领域已经有了深入的了解。靶点不多，但每一个靶点都被研究得很清楚。甚至有科学家用整个职业生涯来研究某一个靶点或某一类靶点。随着目标数量的激增，我们还没有机会真正深入了解每个靶点。用一句老话来说，我们的知识有一英里宽但只有一英寸深。因此，当我们冒险进入广阔的疆域时，我们发现我们没有一张特别好的地图，必须进行的试错次数反而更多了。

科学进步是小步累积的。这种累积进步的特征告诉我们，随着时间的推移，药物研发的不确定性会逐渐消退。这确实是很可能发生的。然而，药物开发面临的一项挑战是，从发现一个概念到证明其实际可行之间存在着漫长的延迟。科学快速进步的节奏和漫长的滞后的验证相结合，这个挑战很有趣，这可能也是药物科学革命所面临的独特挑战。在过去的几十年里，药物科学革命领域的进步速度非常快，这一点很少有人质疑。每隔几年，科学研究的成果中就会出现一个新的技术研究方向：DNA 重组、单克隆抗体、基于结构的药物设计、高通量筛选、基因组学、蛋白质组学、系统生物学，以及 RNA 干扰。同时，要完全理解和验证任何一种新技术的可行性，以将其应用在药物研发中，都需要很多年的后续研发和测试。"下一波"浪潮往往是在"旧"浪潮的技术还没得到最大化利用甚至还没被世人理解之前就已经到来。

因此，我们对大部分研究领域实际上都缺乏充分的了解和探索相当糟糕的。例如，基因组学和其他基础生物研究已经确定了数以万计的潜在新药研发目标，但要完全验证这些目标需要付出巨量的时间和努力。如前所述，许多从事药物研究的科学家坚持认为，只有当临床试验有大量证据表明特定药物通过击中该靶点而产生有益的治疗效果时，才能认为该靶点得到了验证。因此，我们确立新目标的能力已经超过了我们研究它们和验证其生物作用的能力。2001年，雷曼兄弟公司在麦肯锡公司的支持下发布了一份报告，介绍了对 40 家制药公司高管的调查结果。结果显示，13 年前，研究某个具体靶点的研究人员平均查阅 100 多篇文献。到 2002 年，随着潜在靶点数量的爆炸性增长，研究某个具体靶点的研究人员平均仅阅读 8 篇文献。[12]

从某种层面上说，我们的知识面已经拓宽了。由于基因组学和新靶点的爆炸性增长，我们在更广阔的技术生态内进行药物研发的游戏。我们的地图的的确确变大了。但是，当我们越来越接近"前沿"时，比起逛过多年的熟悉街区，我们地图的细节显得十分模糊，这并不令人惊讶。

科学进步对整体性的影响

上文指出，生物技术行业出现之后，药物研发的游戏场地变大了许多。基于第 2 章提到的行业发展状态，场地不仅仅是变大了，也变得更加多样化了。今天，药物研究人员在研发新药的过程中掌握了更多的工具。例如，为了找到有生物活性的靶点，他们可以从基因组学、蛋白质组学、系统生物学、计算基因组学、反义链、RNA 干扰、基因芯片技术，还有不断深化的生物医学（例如免疫学、癌症生物学）研究中汲取营养。为了找到可能对这些靶点起作用的分子，他们可以使用传统的药物化学、组合化学、化学生物学、DNA 重组、单克隆抗体、生物物理学、计算化学和高通量筛选等工具。药物研发工具箱的扩展无疑是一件好事。对于癌症这样棘手的疾病，这些不同的工具可以从这个复杂难题的不同部分进行诠释。然而，正如第 3 章所讨论的，为了挖掘这些工具的潜力，必须协同使用他们，也就是说，它们必须整合为一个整体。

并不是只有药物研发才有整合的需求。在任何具体的背景下，研发工作都需要从不同的知识体系中汲取营养。例如，车身设计必须融合材料、机械工程、空气动力学、声学和美学等方面的知识。微处理器设计体现了材料、软件算法、电路设计、封装和光刻工艺等相关的技术选择。实际上，跨技术和学科的整合是产品研发的基本挑战。[13]

如果一个指导思想或者思想框架能够指导各个"拼图碎片"如何组合，整合"拼图碎片"的过程就能够得到推进。库恩（Kuhn）使用"科学范式"（scientific paradigm）这个词描述了一套为人们普遍接受的理论、假设、模型、原则和方法，为科学领域提供了一套心智上的共同范式。[14]范式定义了哪些问题是有价值的（有显著效果的），哪些用以解决问题的方法是可以接受的。在这一概念的基础上，乔瓦尼·多西（Giovanni Dosi）提出了"技术范式"（technological paradigm）的概念，即一个共同的观点（由工程师和科学家所持有），这个观点是关于一个领域中最主要的技术难题和解决这些难题的公认的工具、方法和原则。[15]科学范式通常以理论体系（如牛顿物理学）为基础；技术范式常常表现为具体的物理设计（如 DC-3 飞机、IBM-360 计算机、英特尔 X86 微处理器），成为未来设计变化的参考点。

在科学技术领域，范式的出现有 3 个重要原因。首先，由于范式提供了一套公认的理论、原则、方法和方向，它使进步得以累积。不同的人和不同组织的工作可以随着时间的推移而以累积的方式联系起来。例如，自从 IBM-360 诞生以来，它就为计算机系统、子系统和外围设备的未来发展确定了具体日程。

其次，通过为不同的技术和知识体系提供统一的概念框架，范式本身也成为一种整合机制。这基本上是第二次世界大战以来大部分时间里药物化学在药物研发中所扮演的角色。

最后，新范式的出现有可能影响竞争方式和产业结构。科学和技术领域的历史学家关注的是新的理论、范式和技术体系与现有的理论、范式和技术体系竞争并最终取代它们的过程。新方法颠覆旧方法的概念牢牢扎根于关于技术变革的文献中，并极大地影响了学者和从业人员对创新挑战的思考。例如，以前许多关于技术进步的研究发现的经验模式之一是，新技术通过使旧技术过时而威胁到现有公司的商业生存能力。[16]

科学进步对药物研发的影响似乎更为复杂。截至 21 世纪初，还没有一个主流的研发药物的范式。生物技术革命带来了许多新的工具和方法，但它并不意味着一定会有一个新的药物研发范式取代旧的范式。虽然在某些情况下，新的药物研发工具和技术确实淘汰了现有的方法——例如，基因测序的自动化淘汰了基因测序的手工方法，人源化单克隆抗体取代了鼠源性抗体——但多年前发现的某些技术和方法并未因此变得过时。传统的药物化学仍然在药物研发中发挥着关键作用。它与组合化学、分子建模和高通量筛选等新方法相辅相成。50 年前发现的化合物今天仍在针对新发现的目标进行筛选。同样地，30 年前发现的靶点今天仍然是药物研发工作的重点。

如前所述，药物科学革命的历史在很大程度上是由新技术的连续"浪潮"组成的，这些新技术不断涌现，随后被纳入流程。重组 DNA 和单克隆抗体代表了 20 世纪 70 年代末出现的第一波生物技术。许多人预测，基于基因工程的新的药物制造方法将取代"旧"药物化学。这并没有发生。此外，现在证明药物化学和基因工程是互补的。但这种模式在随后的 30 年里不断重复，出现了理性药物设计、组合化学和高通量筛选，然后出现了基因组学、蛋白质组学，以及系统生物学和 RNA 干扰。每一种新的方法都源自科学，最初人们对其寄予期望（并伴随着炒作）认为它将成为主流并占据主导地位。但实际上，很少有新方法完全替代旧方法的情况发生。相反，新方法与旧方法共存。此外，它们似乎并非独立运作。相反，它们往往是高度互补的。

虽然每一次新的浪潮都开辟了新的探索领域，但几乎没有任何方法被下一次浪潮所淘汰。由于这种方法积累的过程，药物科学领域因此变得高度异构化，不同的知识体系和多种科学学科并存。正如绪论所述，这是人们试图描述和命名过去几十年来药物科学革命所遇到的基本挑战。它不是生物技术，不是基因组学或蛋白质组学，不是理性药物设计，不是计算化学，不是高通量筛选；相反，药物科学领域的生物技术是所有这些技术：它是宽泛的技术、方法和学科的结合体。

虽然在这套工具中加入新的工具有清晰的潜在益处，但也给公司带来了组织挑战。这些工具的互补性告诉我们，如果能够有一种整合这些方法的途径，将会得到巨大的成果。然而，由于这些不同的方法来自不同的学科，每个学科都有自己的逻辑和语言，所以将它们整合起来很困难。受过不同学科训练的人常常以非常不同的方式处理类似的问题。事实上，每种方法都可能针对一个特定的问题，并带有关于何种方法更为有效的独特倾向。

考虑一下在寻找更有效的癌症治疗方法中时使用的一些不同的研究策略。如果使用 DNA 重组方法进行药物研发，新药的研发重点将集中在人体内已知的蛋白质领域。在这种方法中，研发新药的工作从确定一种蛋白质开始，这种蛋白质——由于缺失或畸形——导致了一种疾病。在癌症的案例中，这意味着需要找到那些刺激免疫系统的反应能力的蛋白质。因为 DNA 重组是产生蛋白质分子的一种手段，这种方法总是以这样的问题开始：我们要添加什么蛋白质才有可能改善或治愈这种疾病？

第二种方法是通过治疗性疫苗来刺激身体的免疫系统。在过去几十年里，已经有许多人尝试开发能够做到这一点的癌症疫苗。这种方法是通过确定可纳入疫苗的癌细胞的独特特征，从而欺骗身体，使其产生强烈的免疫学反应。其重点是确定癌细胞（特别是这种癌细胞的表面）在免疫系统看来是什么样子的。这种方法可以利用 DNA 重组方法，因为癌细胞的许多有区分度的特征是受体，而受体本身就是蛋白质。与 DNA 重组方法一样，这种方法也深深扎根于免疫学和细胞生物学中。

基因治疗提供了另一种方法。它始于一种假设，即某个基因是导致癌细胞快速生长和停止凋亡的原因。基因治疗不是试图利用身体的免疫系统，而是寻求直接改变癌细胞本身的"问题"基因。从本质上讲，它试图将癌细胞变成正常细胞。这种方法显然扎根于遗传学，特别是癌症遗传学。它需要找出决定细胞的特性并使其成为癌细胞的那些基因。

单克隆抗体提供了另一种治疗癌症的方法。与疫苗一样，这种方法通常从尝试描述癌细胞表面的结构特征开始（例如在癌细胞表面发现了哪些受体）。一旦发现这种受体位点，其策略是设计一种能够选择性地与癌细胞表面的特定位点结合的抗体。在这种情况下，有两种可能的策略。一种是将一些能够杀死癌细胞的毒剂连接或附在抗体上。因此，该抗体是一个载体，可以选择性地传递毒剂并杀死癌细胞，而不影响健康细胞。另一种方法是使用抗体来"堵塞"那些与癌细胞无控制生长直接相关的受体。这就是像赫赛汀（Herceptin）这样的药物对某些类型的乳腺癌起作用的过程。研究人员发现，在某些乳腺癌上可以找到一种特定的受体（EGF），通过阻断这种受体（用一种抗体来阻断），细胞就不能接收生长信号了。

一种小分子方法考虑到了这个问题的其他角度。癌症研究的最大进展之一是对负责癌细胞生长的生化反应链有了更深入的了解。这种方法的药物研发策略是找到一种能够抑制或阻断该反应链中的一个关键反应的分子。一个例子是奥罗拉激酶（Aurora kinases），这是一个似乎在癌细胞的生长和增殖中发挥重要作用的酶家族。研究表明，奥罗拉激酶在一些类型的癌细胞中过度表达。掌握了这些知识后，研究人员开始寻找（通过高通量筛选和组合化学）或设计（通过理性药物设计）一种抑制这些激酶的分子。

上述每一种方法目前都被用于癌症药物研发，并且研究人员对其进行了探索。对于什么是最重要的问题以及什么可能是好的或坏的方法，每一种方法都有非常具体的偏向。虽然它们在试图解决同一个问题时都是相互关联的，但它们是以非常不同的方式来解决这个问题的。它们来自不同的知识体系。它们专注于问题的不同方面。它们涉及不同的下游挑战，如临床试验设计、监管策略、制造和分销等。

与使用这些方法的研究人员进行讨论往往相当吸引人。他们以极大的热情和优雅的态度描述自己的方法，并经常迅速指出其他方法的"致命缺陷"。从本质上讲，这些方法已经产生了不同的知识体系。具有讽刺意味的是，虽然它们借鉴了一些类似的科学基础，但其研究团体往往作为专业孤岛运作。每种方法都植根于成熟的科学体系，但研究人员对自己喜欢的方法的情感依恋可能很强烈。这是很自然的，而且从某种程度上说，还挺健康的。科学领域产生了许多不同的有潜力的方向，更多的平行实验可能会增加找到良好解决方案的机会。然而，虽然这些方法各具特色，但它们也具有潜在的互补关系。有关癌症特定受体的知识可能对采纳了上述任何一种方法的研究人员都很有价值。

因此，生物技术革命的一个巨大优势是它极大地扩展了研究的范围。它不仅仅开辟了许多新的领域，而且还通过新方法、新工具和新的研究策略，开创了多种不同的探索途径。与此同时，环境的多样性也增加了整合的挑战。不同类型的专家变多了，学科语言的种类也变多了。请记住，尽管有了新东西，仍然有很多"老"技术和方法是非常有效的。在药物研发领域，有效工作所需的能力范围、技能和知识变得更加广泛，而非减少。同时，跨学科整合的需求也变得更加关键。

总结

科学和研发的过程是生物技术行业运作环境中的一个重要方面。然而，这并不是唯一的方面。监管和政治问题、社会力量以及市场和经济力量也在制约与塑造着这个行业。如果想了解生物技术行业的业务和在这一领域运作的挑战，就必须了解科学和研发过程的特征。本书第一部分的目标是确定科学和研发过程的特征，这些特征决定了生物技术企业所面临的挑战。

本书第二部分将介绍这些特征带来的商业影响。在开始这些章节之前，我们不妨先探过以下假设性问题：如果你能从头开始设计这个行业，你会利用它来解决哪些具体问题？从本质上讲，这些问题定义了企业的"功能规范"。我们需要利用它做好什么？前几章对科学和研发的讨论中出现了 3 个主题：管理风险、整合和学习。

管理风险

毫无疑问，生物技术行业是一个高风险行业。大多数努力在面对深刻和持续的不确定性时都会失败。虽然科学在不断进步，但它不一定能像许多人所希望的那样，在短期内就能够减少技术的不确定性。因此，生物技术行业要作为一个企业来运作，就需要适当的机制来有效地管理风险，奖励承担风险的行为。这些机制可分为不同的类别。风险是由不确定性驱动的，而不确定性本质上是一种信息的缺乏。因此，产生和传播相关信息的机制在有效管理风险方面起着关键作用。管理风险的另一个关键因素是配套机构，这些配套机构为风险投资提供资金并奖励承担这些风险的行为。因此，我们需要探讨生物技术部门如何获得投资，以及对这些投资的回报进行分配的机制。

整合

过去 30 年的科学革命为药物研发的工具箱增添了许多新工具。但这些工具就像拼图的碎片一样，只有在组合使用时才真正有效。

随着药物研发的科学知识基础的扩大，整合相关碎片变得更加困难和重要。为了取得良好的业绩，生物技术行业需要适当的机制来汇集和整合跨学科的人才、技能和能力。这些机制包括组织结构和战略，以及不同类型的组织（大型企业、小型初创企业、大学等）的互动方式。然而，生物技术行业也需要微观的组织机制，以解决真正的综合问题，避免专业化的孤岛出现。而且，也许最重要的是，它需要将来自不同科学和职能背景的人正确地组合在一起，使其进行合作和信息交流。

学习

鉴于深刻的不确定性和高度的复杂性，失败是药物研发中的常见现象，这并不令人惊讶。然而，在这种情况下，我们需要谨慎对待"失败"这个词，也许比在其他任何情况下都要谨慎。每个项目都是真正的试验，因此，每一个项目，无论其结果是被批准上市的药物还是被搁置的努力，都会产生关于未来道路的宝贵信息和教训。由于失败是如此普遍，从失败中学习——包括技术上的教训和组织上的教训——对于随着时间的推移提高生产力和产出都至关重要。因此，生物技术行业需要建立机制来总结经验并有效利用这些学习成果。

接下来的几章将研究生物技术行业如何实现这些目标，探讨组织结构和形式、机构配套、战略、管理实践以及其他影响生物技术行业运作的力量。在阅读这些章节的过程中，我们必须牢记这样一个问题：这个行业的结构是否有利于实现必要的风险管理、整合和学习？

第二部分

科学的生意

第 4 章

基于科学的生意的剖析

第 5 章

生物技术行业的表现：承诺与现实

第 6 章

知识产权货币化

SCIENCE BUSINESS

THE PROMISE,
THE REALITY,
AND THE FUTURE OF BIOTECH

第 4 章

基于科学的生意的剖析

前几章内容的重点是生意中的科学,以及科学给生意带来的独特挑战。这一部分将讨论这些科学的生意。那么,这些要求是否已经得到满足了呢?

本章开始探索这些生意的解剖结构,以解决以下问题:哪些类型的公司在这个行业中竞争?随着时间的推移,这些公司发生了哪些变化?它们采取了什么样的策略?以及,它们有什么能力?在回答这些问题时,本章探讨了 3 个主题。

- 首先,将生物技术行业的出现描述为制药行业的一个新分支。
- 其次,分析了生物技术行业中的公司的能力是如何随着时间演变的。
- 最后,展示了老牌制药公司所扮演的角色和专业技术市场的产生和演变。

一个行业就像鲜活的生命体一样，虽然它不是人为设计的，但又确实蕴含着设计。就生命体的系统而言，我们通常将设计称为解剖结构。解剖结构描绘了各个部位和它们彼此之间的联系。解剖结构对于了解生物的生存能力很重要。进化生物学理论告诉我们，生物的解剖结构会随着时间的推移而演变。行业也有解剖结构，这些解剖结构也会随着时间的推移而演变，以应对科学、技术和客户需求的变化带来的环境压力。

打个比方，确定科学和商业之间的契合性类似于确定地理景观与居住在那里的物种的解剖结构之间的关系。如果你知晓一个地方的地理环境（如气候或地形），你就能够理解在那个环境中茁壮成长的那些物种。例如，海豹的毛皮可以让它们在北极生存，但会在热带地区毁灭它们。在本书中，科学是一个关键的环境要素。它界定了已知、未知，什么是有价值的问题和应采取的措施。科学限定了企业的生存环境，并创造了具体的组织和经济挑战。

行业的剖析内容包括：①行业的直接参与者（初创公司、老牌公司、大学、非营利性实验室、投资人、客户等）；②将各直接参与者联系起来的运作方式（资本市场、专业知识市场、产品市场、经费分配流程）；③指导和影响这些运作方式的规则。图 4-1 展示了本书描述的生物技术行业的解剖学：方框中的内容表示参与者，箭头表示机制（与"结缔组织"相似），圆圈中的内容是规则。这张图简化了该行业的巨大复杂性。它绝不是全面的，相反，它以相当高的抽象水平说明了推动业务的主要参与者、联系和规则。

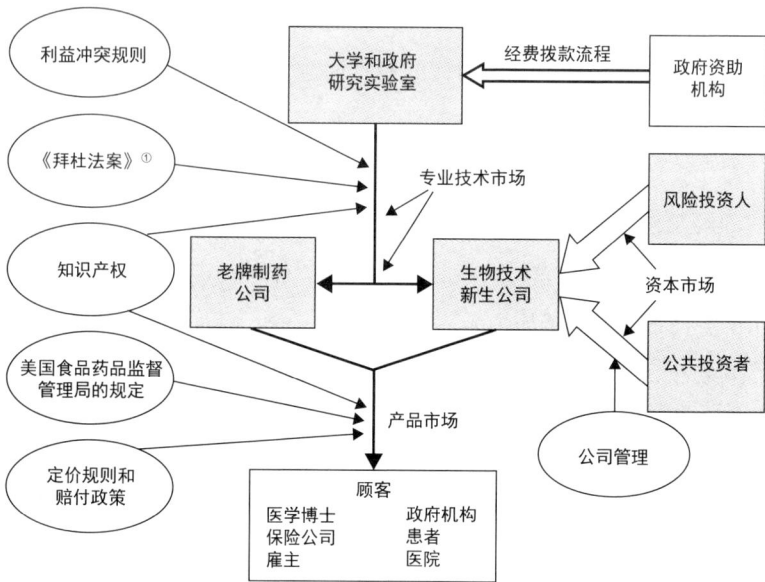

图 4-1　生物技术行业的剖析

　　本次剖析不会详尽到图中的所有细节——这超出了本书的范围。相反，由于焦点问题是技术与商业的互动，因此我将主要关注解剖结构中将企业与科学联系起来的部分，特别是直接参与科学的发展和应用的 3 组参与者（以及它们之间的互动）：大学、生物技术新生公司和老牌制药公司。同时，还将考虑投资人（风险投资人和公共投资人）以及资本市场对该行业公司的行为和战略的影响。这一章主要介绍了相关的历史，追溯了生物技术行业在多个发展阶段中的演变过程，其中每个阶段都与独特的技术策略和商业模式紧密相连。

---

① 《拜杜法案》（Bayh-Dole Act）是美国于 1980 年通过的一项重要法案。这个法案主要目的是促进科研成果的商业化。在此之前，由美国政府资助的科研项目所产生的专利通常归政府所有，但由于复杂的审批程序，这些专利技术很少转移到私人部门进行商业化应用。这导致了大量的科研成果无法有效转化为实际的经济和社会效益。

"生物技术"分支在制药行业的出现

1976 年是制药行业发展的分水岭。在那一年之前,自 1944 年 Syntex 公司(避孕药开发的先驱)成立以来,一直没有企业成功进入制药行业。高固定成本和高开发风险是进入制药行业的主要障碍。药物研发技术——随机筛选——本身就充当了进入的壁垒。现有制药企业在几十年的研发过程中建立了庞大的"化学图书馆",这在随机筛选时代为其提供了竞争优势。

1976 年,随着第一家专业生物技术公司基因泰克的成立,主要的市场进入壁垒开始减少。如第 1 章所述,1973 年,赫伯特·博耶和斯坦利·科恩发明了一种基因工程细胞 DNA 技术(即重组 DNA)。一位名叫罗伯特·斯旺森(Robert Swanson)的年轻风险投资人在得知科学家们的发现后,打电话给博耶,要求会面。博耶同意给斯旺森 10 分钟的时间。两人的会谈于 1976 年 1 月进行,持续了 3 个小时。会谈结束时,两人达成共同成立一家公司的协议。同年 4 月,基因泰克正式成立。

此后,数以百计的新成立的生物技术公司涌入生物技术行业。图 4-2 展示了拥有不同核心技术的生物技术公司进入生物技术行业的时间规律。[1] 我们来观察一下图中的数据。

首先,虽然该行业有史以来的大部分时间都有新公司进入,但新公司的涌入具有高度的周期性。似乎有 3 个进入周期:1976—1983 年、1984—1991 年和 1992—2000 年。2000 年后,进入这一行业的公司数量急剧减少,可能只是因为这个阶段进入的大多是私营小公司,所以没有被作为调查对象。

公司数量家

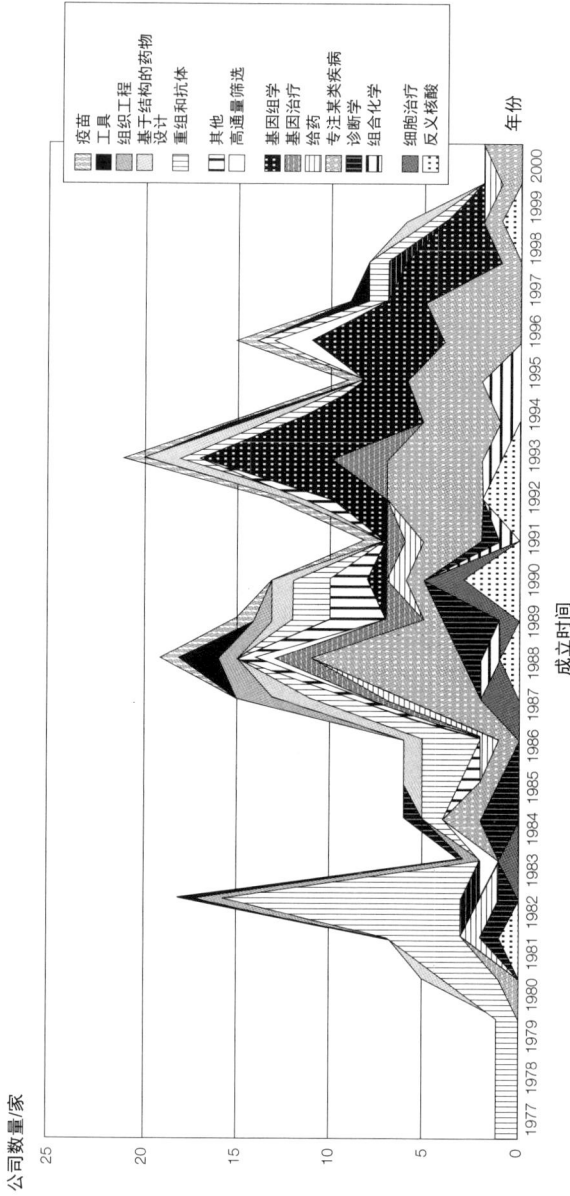

图 4-2 拥有不同核心技术的生物技术公司进入生物技术行业的时间规律

其次，正如第 1 章所讨论的，技术生态是五花八门且多种多样的，不存在单一的"生物技术"，存在的是许多不同的技术。这种复杂性在创业公司中得到了体现。从技术的视角来看，生物技术行业本就由不同的技术方法和策略的分支组成。事实上，图 4-2 可能隐藏了一些技术的多样性——为了避免过于复杂，整合了有关联的技术。例如，基因组学类别不仅包括经典基因组学公司，如塞莱拉公司和人类基因组系统（Human Genome Systems）公司，还包括系统生物学及制作基因组学研究工具的公司［如昂飞（Affymetrix）］。"专注某类疾病"这一类别是最大的类别，包括研究不同疾病（癌症、糖尿病等）甚至不同生物学方法的公司。尽管做了类别合并，但图 4-2 中的数据仍然显示出了生物技术行业的技术是由如此多种多样的交叉学科组成的。从技术角度来看，没有一家所谓生物技术公司。本章后面将详细探讨可能导致这种技术碎片化现象的因素。

最后，在不同浪潮中进入的公司似乎采用了不同的技术策略，所专注的技术也各不相同。在第一波浪潮中，第一代生物技术公司（1976—1983 年）主要专注于重组 DNA 及单克隆抗体——大分子技术，即在 20 世纪 70 年代初期发展的原始基因工程技术。第二波浪潮始于 20 世纪 80 年代中后期，进入的公司采取了完全不同的技术方法。它们倾向于更多地关注具体的疾病，并寻求新的方法，例如基于结构的药物设计来开发传统小分子的化学合成药物。第三波浪潮，即"基因组学"浪潮在 20 世纪 90 年代早期至中期开始。技术战略的改变反映出科学环境的变化塑造了商业研发战略，同时也改变了行业的商业模式。下文将讨论这些技术战略和商业模式的演变。

第一代生物技术：大分子和 FIPCO

基因泰克公司成立于 1976 年，标志着生物技术第一波浪潮的开始。第一代进入者采用的技术战略反映了当时的技术生态。就像基因泰克一样，其他的第一代进入者也采用了当时相对较新的技术战略，即应用 DNA 重组和单克隆抗体技术进行药物研发。

基因泰克公司的组建很重要，原因有几个，其中最明显的是，基因泰克是第一家为开发基因工程科学的商业潜力而创立的公司。基因泰克公司的出现，以及它在 1980 年非常成功的首次公开募股，[2] 大大刺激了其他新的进入者，包括安进、渤健、凯龙、Cetus、Genetics Institute 和健赞。

基因泰克公司不仅成功证明了一种商业概念，它的科学工作还为 DNA 重组应用于药物研发奠定了重要基础。例如，在 1977 年，基因泰克公司在细菌细胞中生产了第一个克隆的人类蛋白质生长抑素（somatostatin）。

基因泰克公司的成立创造了一种新的模式，其他的早期进入者则遵循了这个模式。与基因泰克公司一样，它们通常由大学科学家创立或共同创立——通常是世界知名的科学家〔例如，渤健是由哈佛大学的诺贝尔化学奖获得者沃尔特·吉尔伯特（Walter Gilbert）于 1980 年参与创立的〕。早期进入者还与大学保持着非常密切的联系，经常从联合创始人的实验室获得一些基本技术许可，并与教师和博士后密切合作研究项目。博耶实际上在加州大学旧金山分校保留了他的全职教授职位，同时在基因泰克公司担任顾问，并在指导其研究方面发挥了关键作用。在许多案例中，第一代生物技术公司在创立初期都是"虚拟企业",没有实物资产,全职员工也很少。直到 1978 年,基因泰克公司依然没有自己的实验室。其整个研发是通过与加州大学旧金山分校和加州杜阿尔特希望之城医疗中心等学术中心的研究人员签订合同进行的。[3]

也许最关键的是,基因泰克公司为进入制药行业的人们开创了一种全新的商业模式。从历史上看,进入制药行业的主要障碍之一是研发成本相对较高,从研发到投放市场的时间很长。在 20 世纪 70 年代中期,刚刚进入行业的公司需要在 10 ~ 12 年内为研发投资大约 3 亿美元资金,才能让其第一种药物上市,[4] 当时根本没有可用于长期、高固定成本投资的可行融资机制。难怪 20 世纪六七十年代美国的风险投资人更喜欢将注意力和资本集中在电子公司而不是制药公司上。基因泰克公司和生物技术行业其他新进入的公司一样,也面临着进入障碍。

基因泰克公司做出的关键业务创新,是与大型制药公司礼来签订研发协议。这份协议签订于 1978 年 8 月 25 日(基因泰克公司成立约 18 个月时),约定礼来为基因泰克公司持续开发重组胰岛素提供资金,以换取使用基因泰克公司的技术生产产品的全球制造和营销权;基因泰克公司还将获得礼来未来销售产品的专利许可费。[5]

这份协议有什么特别之处?毕竟,商业合同也没有什么特别的创新点,它们已经以各种形式存在了几个世纪。然而,基因泰克-礼来协议创造了一种模式,影响了制药行业此后 30 年的发展。第二次世界大战以后,制药行业从研发到销售都是高度垂直地整合在一起的。公司在很大程度上依赖内部研发实验室得到其备选产品。化合物的许可通常是在美国和外国制药公司之间进行的,以便进入市场。有时,公司无意中发现其销售范围之外的化合物时，也会这样做。在某些情况下，制药公司的确从外部获取研发资金时，也几乎总是采取大学赞助研究协议或专业技术咨询的形式。基因泰克－礼来协议是制药公司首次通过与外部营利性企业合作进行的专有研发计划。

这份协议还证明了将研发合作作为一种融资方式的可行性。这种模式很快被其他新进入者效仿。基因泰克－礼来协议是由年轻初创企业（如基因泰克公司）作为供应方和老牌制药公司（如礼来公司）作为需求方的新兴专业知识市场中的第一笔交易的产物。现有数据表明，这些合作变得相当普遍，且对年轻的生物技术公司来说相当重要。例如，在1976—1980年，研发合同的收入大约覆盖了基因泰克公司总成本和费用的70%。[6] 几乎每个新兴生物技术行业的新进入者都与成熟的制药（有时是化工）公司建立了至少一个（通常是几个）合同关系。虽然这些合同的具体形式差异很大，[7] 但基本概念是一样的。成熟的公司为合作伙伴提供资金（通常应用于实施某个研发计划），以换取获得将来的研发结果并将其商业化的许可权。这样的合作方式和专业知识市场成为新生的生物技术公司将知识产权货币化的工具。

第一代生物技术公司的第二个特点体现在它们的研发战略中，即将基因工程技术作为技术平台，发现和研制多种类型的产品。基因泰克公司迅速扩大了其研究范围，其中包括一系列产品。其第一年（1980年）的年报揭示的研发计划中的产品包括胰岛素（和礼来公司合作）、生长激素［和卡比维特龙（KabiVitrum）公司合作］、胸腺素 α-1、白和成纤维细胞干扰素（和罗氏公司合作），以及牛生长激素［与孟山都（Monsanto）公司合作］。到了1984年，该公司研发的产品系列大幅增加，涵盖了更广泛的治疗领域（如组织型纤溶酶原激活剂、α-β- 和 γ- 干扰素、肿瘤坏死因子、第八因子等），动物保健产品（例如口蹄疫疫苗），以及食品、化工和消费品行业的酶类产品［通过与康宁（Corning）公司的合资企业］。此外，公司还涉足仪器设备（与惠普合作）和诊断产品［与百特国际（Baxter-Travenol）公司合作］的开发。安进、渤健、Cetus 等公司也采取了类似策略，即通过基因工程技术在多个应用和市场中寻求发展。

这种较早的商业模式包含两个要素——协作并广泛应用——但在 1980 年后不久开始有了变化。基因泰克公司在 1980 年成功的首次公开募股改变了生物技术公司的运营环境。这场募股活动的影响远远不止于在股票发行中筹集到 3500 万美元。基因泰克公司首次公开募股取得成功表明，一家没有产品收入的公司也可以在股票市场筹集到资金，这开辟了全新的资本来源，并从财务角度使垂直一体化整合成为可能。有了来自股票市场的大量资金，协作便不再是唯一的入场途径。现在，随着资金的到位，许多年轻的生物技术公司——通常几乎没有怎么发展——就宣布了想要成为自主研发制药公司的愿望，或者用当时流行的术语来说，叫作 FIPCO（fully integrated pharmaceutical company，垂直一体化整合的制药公司）。

第二代参与者：重新融入化学

生物技术行业的许多人最初认为，生物技术提供了一种风险相对较低的发展方式。由于生物技术产品源自人体的蛋白质，科学家、企业管理层和华尔街普遍认为（或者至少是声称），基于生物技术的药物在研发过程中失败的可能性将大大低于传统化学合成药物。这种观点的逻辑是基因工程生产的蛋白质本来就存在于人体内，因此理论上它们应该更加安全有效。人们最初认为，开发这些基于生物技术的蛋白质药物风险相对较低。这也就意味着商业风险低。然而，随着公司和投资人的深入探索，他们发现这种假设并不稳固。

第一代生物技术药物的发现工作主要涉及 3 种药物类型：替代激素、新型重组蛋白质和单克隆抗体。替代激素是指胰岛素、生长因子和第八因子等物质，早在生物技术出现之前，它们就已经作为药物上市了。正如第 1 章中所指出的，在生物技术出现之前，替代激素是通过培养天然来源（例如用猪胰腺生产胰岛素）来生产的。这些药物的生物技术版本改变了生产过程，但最终产品基本保持不变。对于替代激素，上述假设是成立的。例如，胰岛素自 20 世纪 20 年代初以来就一直在使用，科学家已经明确了解它在体内的作用以及它是如何起作用的。因此，这些产品的生物技术版本不会明显改变药物的临床表现。一些转基因替代激素，例如胰岛素、人生长激素和第八因子的初步研发成功只是助长了一种信念，即无论从临床还是研发的角度看，生物技术药物的总体风险会降低。

新型重组蛋白质是以前从未用作药物，但一直被认为（根据之前的生物医学研究）具有理想治疗效果的蛋白质。绝大多数第一代生物技术研发项目的研究对象都属于这一类别，其中包括干扰素（α、β、γ）、白细胞介素-2（IL-2）、组织纤溶酶原激活酶和红细胞生成素等蛋白质。当时，媒体铺天盖地地报道了这些奇妙的物质的前景。干扰素因其在增强免疫力和抗癌方面取得的巨大突破而被广泛吹捧。1985 年 11 月 25 日，白细胞介素-2 登上《财富》杂志封面，并在一篇文章中被称为"癌症研究的重大突破"。[8]问题在于，在基因工程出现之前，没有人能生产足够多的这些物质来对其治疗用途进行大量科学研究。事实上，这些蛋白质大多只是在极其有限的实验室（动物）调查中被研究过。因此，从生物学上讲，这些蛋白质与前文所述的替代激素大不相同。它们远非"无须用脑的简单事情"。事实上，关于它们有什么作用以及它们如何起作用的科学知识非常有限。

这种不确定性在临床发展中显现出来。虽然其中一些蛋白质——如促红细胞生成素、G-CSF 和组织纤溶酶原激活酶——在临床上被证明有效，但许多其他重组蛋白质面临着更加曲折和折磨人的临床道路。干扰素会产生严重的副作用（发烧、实战等），对大多数癌症几乎没有希望生效。事实上，α-干扰素最初只被批准用于一种癌症——毛细胞白血病。几年后，α-干扰素首次被用于对多倍硬化症进行主要治疗。事实证明，白细胞介素-2 对大多数癌症的疗效远低于预期，并具有令人不安的副作用。

也许在第一波浪潮时期最令人失望的是第三类生物技术药物单克隆抗体的临床结果。被吹捧为"神奇子弹"的它们，由于它们能够精准地锁定并附着在抗原表面，理论上，它们可以在不损害健康细胞的情况下将任何药物输送给患病细胞。然而，随着对这些药物进行大量的临床试验，它们的致命弱点暴露了：因为它们来自小鼠（老鼠）细胞，人体的免疫系统将它们视为入侵者并启动了强烈的反应，这导致了严重的副作用，而且还限制了药物本身的功效。虽然小鼠来源的单克隆抗体在诊断试剂盒中获得成功，但总的来说，它们作为药物是失败的。直到 1990 年基因泰克公司发现了一种"人源化"单克隆抗体的方法，这项技术才开始展现其在治疗人类方面的前景。

随着生物技术药物研发相关风险的现实开始深入人心，投资人对 FIPCO 战略的兴趣大大降低。大约在 20 世纪 80 年代中期，这一战略开始失去华尔街的青睐。即使是当时规模最大、资本最雄厚的上市生物技术公司，在没有合作伙伴的情况下，也只有足够的资源资助数量非常有限的药物研发项目。许多公司的命运取决于单个项目成功与否，当这些项目在临床上失败时，就像 Cetus 公司的白细胞介素-2 那样，后果是可怕的。[9]

随着人们对 DNA 重组和单克隆抗体药物研发的理解变得更加深刻，以及对 FIPCO 战略可取性的怀疑日益加深，第二波生物技术进入者受到了影响。如图 4-2 所示，与第一代进入者相比，第二代进入者采用了更多样的技术战略。在这一阶段，基因治疗、细胞治疗、组织工程和反义核酸出现在商业舞台上。然而，这一时期最多的一类新进入者是专注于某种具体的疾病（如癌症、神经系统疾病）、某个具体的疾病机制（如炎症、血管生成）甚至某个疾病靶点的公司。通常，这些新进入者往往源自大学（和医学院）学者对特定疾病生物学（如癌症生物学）的研究工作。以疾病为中心的战略背后的假设是，关于基础疾病的更深入的生物学知识将有助于公司更有效地研发药物。第一代生物技术公司的观点是有意识地"反化学"，而第二代生物技术进入者则更愿意将小分子作为一种治疗方式。

这些第二代生物技术进入者也采纳了与前代不同的商业模式。第二代进入者并不希望成为完全一体化的制药公司，而是采取明确的战略，将精力集中在研究上，并与成熟的制药公司合作开发并走向商业化：收入模式基于预付款项、里程碑（进度）付款和后端销售版税。合作伙伴驱动战略的吸引力在于，它允许进入者专注于研发过程——早期研究——在这个阶段，小公司应该比大型制药公司更具有比较优势。这也是一种风险较小的策略，因为新进入者可以在广阔的项目中和合作伙伴扩大其研发组合。推动这种模式的另一个因素是大型制药公司的技术收购战略（多见于专业知识市场的购买方）。虽然在生物技术发展的早期，制药公司愿意为生物技术公司的研发项目提供资金支持，但它们对与这种方式相关的风险的容忍度开始变低。20 世纪 80 年代末至 90 年代初，大多数制药公司开始寻找获得处于临床试验前研发后期或临床试验早期（如临床试验第 1 期）的项目许可的机会。仅仅拥有一个概念已经不够了，专业知识市场需要的是药物分子，而不是概念。

第三代生物技术：基因组学、平台化和研发工业化

1990 年，美国国立卫生研究院（National Institutes of Health，NIH）和美国能源部（Department of Energy，DOE）启动了人类基因组计划——一项有组织的建立完整的人类基因组图谱的国际化的活动。当项目获得 30 亿美元的政府拨款并启动时，预计目标完成日期为 2005 年。人们相信，这样的图谱一旦绘制完成，将为寻找病因和治疗方法的研究带来难以估量的价值。人类基因组项目是生物学研究的分水岭，不仅仅因为其（当时）大胆的目标，更因为其采用了全新的研究过程。在历史上，生物学研究和药物研发都是以劳动密集型的过程进行的：生物学家一次验证一个假说；药物化学家熟练地手动合成分子，然后针对已知的疾病靶点逐一进行仔细筛选。人类基因组计划围绕高速自动化和大量的数据分析，开创了一种新时代的研

究范式。软件工程、计算能力和设备设计变得与科学家熟稔的动手能力一样重要，甚至更重要。因此，工业化药物研发时代到来了。

工业化药物研发背后的假设是，随着人类基因组测序产生大量生物数据，基于手工熟练度的、一次一个分子的药物研发方法是站不住脚的，最终会被淘汰。工业化药物研发——同时应用基因组学、生物信息学、高通量筛选和组合化学——不仅会彻底改变药物研发的方式，而且会大幅提高药物研发的效率。

虽然预期的科学突破可能还需要 10 年或更长时间，但工业化药物研发的出现对生物技术的商业环境产生了深远的影响。风险投资和公共股权市场都对此做出了热情的回应。在基因组学的发展中，主要有两种类型的公司。一类公司——包括应用生物系统公司和昂飞公司——专注于提供基因组学研究或将基因组学用于药物研发所需的工具（如 DNA 测序仪、基因芯片）。另一类公司——塞莱拉、因赛特（Incyte）公司、人类基因组科学（Human Genome Sciences）公司、千禧制药（Millennium Pharmaceuticals）公司[①]和其他公司——直接从事基因组学研究。

第三波浪潮的很多进入者的商业模式都基于某个技术平台（例如基因组学或高通量筛选），而不是某个具体的产品技术或者治疗应用。然而，一些公司采用了不同的商业模式。它们将自身的核心平台的使用权广泛出售给预期的客户和合作伙伴，使之应用于不同的治疗途径。例如，专门开发大型专有基因组数据库的公司（如因赛特公司、人类基因组科学公司和塞莱拉公司）致力于通过用户订阅获得收入。其他公司，如千禧制药公司，采用的商业模式是利用专

---

① 2008 年 5 月被日本制药巨头武田制药以 88 亿美元的价格收购，成为其全资子公司。——译者注

有数据库和基因组研究工具来为药物研发发掘新的靶点，然后将这些新的靶点出售给大型制药公司。这些公司的商业模式的不同之处在于，合作通常不涉及具体的产品开发，相反，它们侧重于药物研发过程中的"输入"：数据、工具或具体的疾病靶点。

平台商业模式背后的基础经济假设也是不同的。前几代进入者试图从某种具体的药物上获取尽可能多的价值（例如，FIPCO 希望获得 100% 的价值），而平台商业模式的假设是从很大范围的每种药物中各获取一小部分。正如风险投资人常说的那样，从价值 2000 亿美元的产品销售收入中获得 1% 的专利许可权费，比从价值 10 亿美元的药物中获得 100% 的利润要好。

一如既往，基因组学的浪潮最初迎接的是高度看好和投资人的热情。而且，和以前的浪潮一样，经验（或者也许只是暴露出来的更多的事实）照亮了科学的冰冷现实的另一个角落。关于基因组学将最终改变药物研发过程和经济性的预测在过去和现在都是有根据的。科学界几乎没有人怀疑，更加精确地理解疾病的遗传基础将给疾病治疗带来巨大的进步。预测过于乐观（也许是"夸大"）的地方与产生影响的时间有关。关于基因组学将对药物研发生产力产生短期影响的期望是没有根据的。随着人类基因组全面测序的完成，一个新的现实摆在投资人面前：人类基因组的测序只是一个开始。基因组提供了基因的结构信息，但对于大多数基因的生物功能我们却知之甚少。它们编码得出的是什么蛋白质？这些蛋白质的生物学作用是什么？它们在疾病产生的过程中和其他蛋白质是如何互动的？像大多数引人瞩目的重大科学项目一样，人类基因组计划确定了下一个需要回答的世人关注的重大科学问题。这是一门杰出的科学，但至少在短期内，它似乎并不是一门生意。

人们对工业化药物研发的总体前景也开始出现类似的怀疑。工业化药物研发背后的想法是，通过组合应用基因组学、组合化学、高通量筛选和信息技术，可以显著提高公司的药物研发速度。在孤立的小团队中工作的科学家不再需要每次都针对一个具体的分子或治疗目标进行一次实验。有了工业化的研发，一个全天候运行的实验室可以针对数以千计的目标产生并测试数以百万计的分子组合。生物学的洞察要让位于大数法则。

虽然组合化学确实极大地增加了化学药物的数量，但它似乎对备选药物的化合物的质量没有什么影响。自工业化药物研发出现以来，临床化合物（即进入临床试验阶段的化合物）的数量没有显著增加（见图 4-3）。

临床化合物数量/种

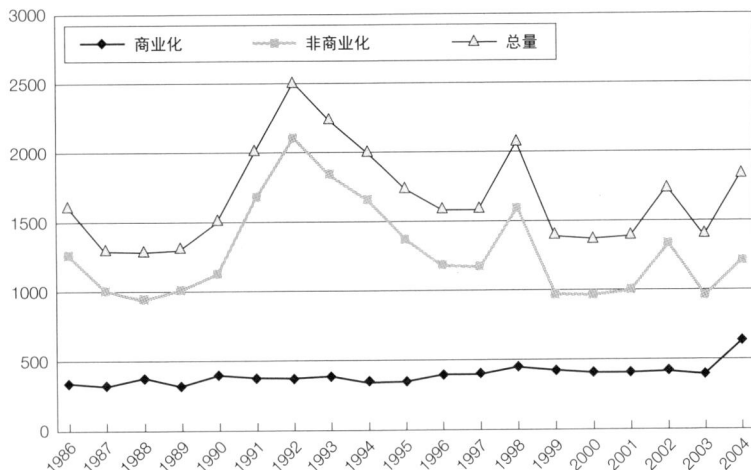

图 4-3　1986—2004 年临床化合物数量

　　这可能是由许多原因造成的，它绝不是对工业化方法的谴责。然而，来自业界的说法也表明，工业化药物研发的结果令人失望。举个例子，组合化学最初被期望将发现化学的生产力（通过自动化）提高几个数量级。组合化学并没有成为药物研发的万能工具。根据美国国家癌症研究所的大卫·纽曼（David Newman）的研究，到2002 年年底，人们还未利用组合化学研发出任何一种被美国食品药品监督管理局批准上市的药物。[10] 很大一部分问题在于，组合化学"无脑"地创建化合物，无视适合作为药物的分子的结构特征。一种化合物要想成为药物，需要具有生物活性，即具有与相关靶点结合的能力；且在药理学上合适，即具备能够被人体适度吸收和代谢的形态。因此，要研发一种好药，研发者需要具备生物学和药理学知识，而这些知识在组合化学中是缺乏的。虽然利用组合化学能迅速产生数以百万计的化合物（如广告所说），但这些化合物往往在生物学上没有活性，在药理学上的问题也很难解决。

　　随着基因组学浪潮进入尾声，已经入场的基因组学参与者的商业模式开始改变。如前所述，大部分基因组学的参与者采用了平台商业模式：与其亲自研发具体的药物，不如将技术（通过出售许可证、收取服务费或者订阅费的方式）赋能给制药公司。因此，像千禧制药公司这样的公司可以通过签订利润丰厚的协议，向合作的制药公司提供大量药物靶点，从而利用其基因组靶点识别平台。塞莱拉公司和人类基因组科学公司等公司以付费订阅的方式提供了其基因组数据库的访问权。然而，到了 2001 年左右，至少在公开场合，平台商业模式受到了这些公司的质疑。千禧制药公司宣布它将向上游整合，进入药物研发领域〔并通过收购已有药物上市的核心理疗

（Core Therapeutics）公司]。塞莱拉公司和人类基因组科学公司也选择了类似的产品研发垂直整合策略。它们不再仅仅出售它们的基因组数据；相反，它们将利用这些数据自己研发药物和诊断产品。38年前第一代进入者追求的垂直一体化模式再次成为业界首选商业模式。在商业模式方面，基因组行业似乎经历了一个轮回，回到了起点。

我们很难精准明确生物技术行业的商业模式演变的根本原因。华尔街的观点及人们的跟风行为可能起到了一定的作用。如前所述，在FIPCO的案例中，一旦华尔街感觉到商业模式有风险，投资人很快就会对公司表达不满，公司也会迅速调整之前的目标。在基因组学的浪潮中也出现了类似的现象。到2001年，使用"工具"和"平台"等术语描述其商业模式的公司都被风险投资人和分析师刻意回避。产品再次成为"王道"。具有讽刺意味的是，虽然没有使用FIPCO一词，但实质上采用FIPCO战略的公司很受欢迎。

就基因组学而言，20世纪90年代末形成的股市泡沫使情况变得复杂。在具体的股票估值的前提下，平台战略可能在经济上是完全可行的。然而，飙升的估值本质上抬高了公司的收入模式的门槛：在20亿美元的股票估值下完全可行的商业模式在200亿美元的估值下不再可行。此外，流入的巨额资金不仅提高了盈利标准，还改变了公司的战略选择。与第一代FIPCO一样，慷慨的股票市场使筹集到足够的资金进行纵向整合成为可能。

公司能力的演进

对入场模式的讨论表明，总的来说，生物技术行业的公司能力随着时间的推移而演变。在不同的关头，具有不同研发战略和技术能力的公司进入了该行业，似乎还出现了某种程度的垂直能力扩展。本节将讨论技术能力如何在公司层面演变的问题：专业技术公司是否会随着时间的推移提升其研发能力？它们的内部技术战略是否反映了外部技术环境随着时间的推移发生的变化？

一种了解公司内部的研发能力和战略的方法是查看其专利。或许生物技术行业最好的专利研究是由杰斯珀·索伦森（Jesper Sorensen）和托比·斯图尔特（Toby Stuart）进行的。[11] 对于 237 家公司的样本，索伦森和斯图尔特研究了公司存续时间如何影响公司在初始能力之外进一步创新的趋势。调查这一点的方法之一是研究公司的专利引用。在申请专利时，发明人必须引用当前发明所基于的其他专利。研究表明，引用可以很合理地反映公司对创意的寻找。索伦森和斯图尔特发现，随着生物技术公司存续时间的延长，相比于引用其他公司的专利，它们往往会（不成比例地）更多地引用自己的专利；也就是说，它们倾向于在自己以前的工作基础上再接再厉。生物技术公司似乎并没有对它们所面临的不断开拓的技术环境做出反应，而是随着时间的推移变得更加封闭。

另一种看待这个问题的方法是考察公司在不同发展阶段的研发项目的基本特征。尽管在某一时间点观察到的"研发管线"在某种程度上是一种静态的展现，但我们可以推断，不同临床试验阶段的项目是在不同的时间点启动的。因此，已经上市的产品反映了一家公司 8～12 年前的研发战略；另一方面，处于临床试验早期阶段的项目则反映了一家公司最近做出的选择。以这种方式考察最古老的生物技术公司是最有意思的，因为它们是在第一波浪潮中入场的，专注于技术能力（DNA 重组和 / 或单克隆抗体）。这些公司成立的时间最长，有更多的机会扩大其技术边界。图 4-4 和图 4-5 是截至 2004 年，两个生物技术先驱——安进公司和基因泰克公司——的研发管线概览图。

项目数量/个

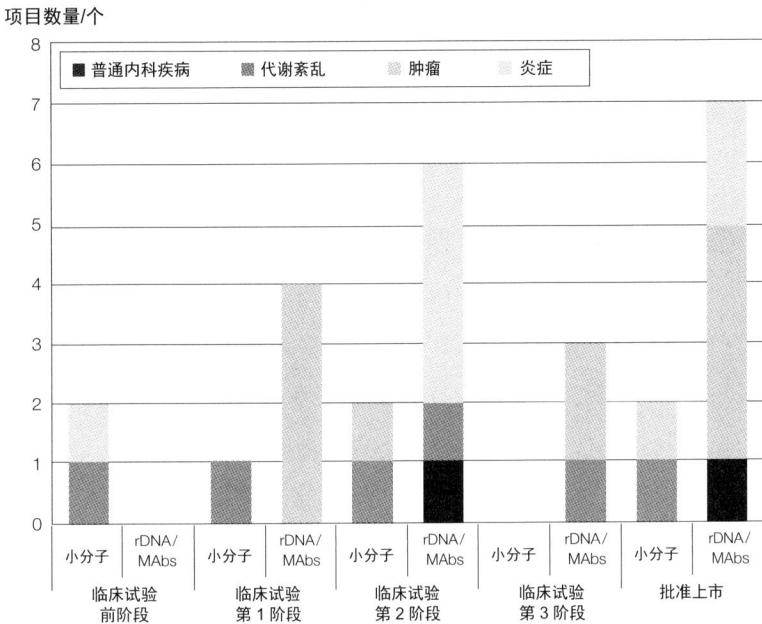

图 4-4　安进公司的研发管线状态概览图

项目数量/个

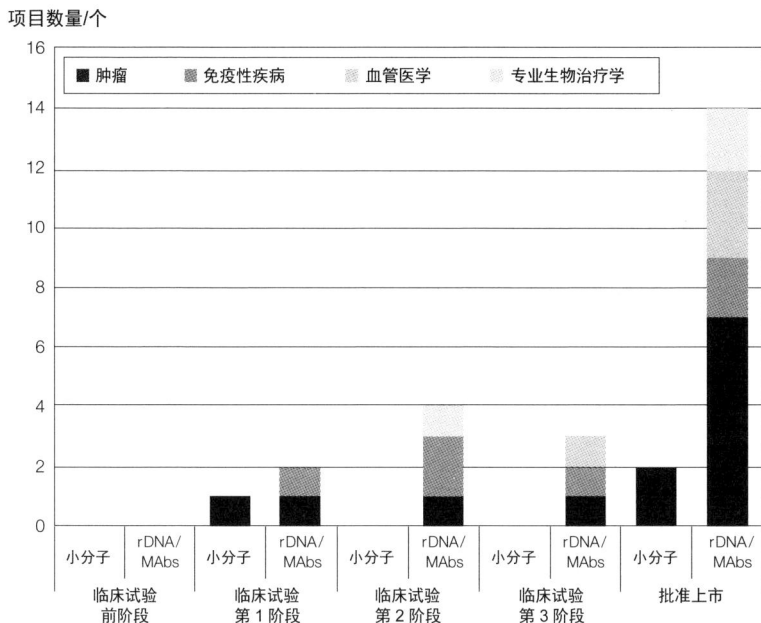

图 4-5　基因泰克公司的研发管线状态概览图

人们可能会认为，安进公司和基因泰克公司作为两家又大又成熟的生物技术公司，随着时间的推移，会有最好的机会使其研发组合多样化。图 4-4 和图 4-5 中的这些项目根据当前的发展阶段、使用的核心技术［"大分子"（即 DNA 重组 / 单克隆抗体）与"小分子"］以及治疗的适应证进行分类；这些数据来自两家公司的年度报告和网站，因此仅限于公开披露的项目。同一产品或项目在不同的治疗适应证中仅计数一次，但如果一个产品或项目是针对多种适应证的，则可能不止计数一次。

安进公司和基因泰克公司的这些详细资料呈现的结果与索伦森和斯图尔特的发现基本一致。纵观安进公司的研发管线，可以清楚地看出，该公司的研发战略主要集中在 4 个治疗领域：普通内科疾病、代谢紊乱、肿瘤、炎症。该公司早期对大分子的关注也是显而易见的，其绝大多数现有产品和开发项目都基于 DNA 重组或单克隆抗体技术，只有在研发管线的临床试验前阶段，向小分子的侧重才比较明显。基因泰克公司的策略似乎更关注大分子；该公司似乎没有增加对小分子的重视程度，即使是其处于研发管线早期的项目也是如此。

我们如何解释这个行业最早的参与者缺乏技术广度？有几种可能的解释。首先，正如索伦森和斯图尔特（以及其他公司组织架构方面的理论家）所指出的，工作中可能存在助长惯性的组织流程：受到已有组织架构的影响，公司倾向于做它们已经在做的事情。其次，由于这些流程和架构是（针对现有技术）专门建立的，要扩展技术基础可能成本高昂，需要雇用新员工和投资新资产——用于生产化学药品的制造工厂和工艺与用于生产生物制品的完全不同。专注于技术工作则使企业能够利用现有的知识、基础设施和员工。最后，从某种程度上说，经验可以提高竞争力，公司也可能认为专注于其独有的核心业务的战略符合其最佳利益。例如，能够开发重组 DNA 和单克隆抗体生物制品的公司相对较少。因此，像安进公司和基因泰克公司这样的第一代先驱者在这项技术上具有竞争优势，而进入小分子领域将使它们与已经开发和制造化学合成药物 50 年或更长时间的大型制药公司直接竞争。

从长远来看，对于任何一家公司来说，长期专注于某一技术战略是否最为有利，目前还未可知。过度集中的战略显然是有风险的，特别是在其他领域出现更好的技术机会的时候。然而，生物技术进入者普遍采用集中的技术战略，导致整个行业中的技术战略十分多样化。也就是说，多样化的技术环境映射出了多家公司各种不同的技术战略。生物技术行业的研发战略尚未趋同。

大型制药公司和专业知识市场

如果不考虑自 20 世纪 40 年代以来主导生物技术行业的大型制药公司的作用，就不可能理解生物技术业务的历史和演变。生物技术的生意不仅仅是生物技术公司的故事。大型制药公司既是研发的直接参与者，也通过与众多新兴生物技术公司的合作影响行业发展。与生物技术同行一样，随着技术格局的变化，大型制药公司的战略也随着时间的推移而演变。

我们可以从 3 个维度来思考大型制药公司的技术战略。第一个维度是治疗市场（心血管、癌症等）的选择。大多数大型制药公司现在追求相对广泛的多元化治疗市场组合。丽贝卡·亨德森（Rebecca Henderson）和伊恩·科伯恩（Ian Cockburn）的研究为这种多元化提供了理论基础。他们发现，药物研发具有显著的范围经济效益。也就是说，在一个治疗领域中积累的知识和能力通常可以被用于其他领域。[12]

第二个维度界定了药物研发技术（如 DNA 重组、单克隆抗体、组合化学、基因组学、理性药物设计）的选择。人们普遍认为，大型制药公司没有尝试新的药物研发方法。总的来说，至少在 2000 年左右，这种说法不对。最初，许多大型制药公司在对新方法的投资和兴趣方面可能确实滞后，但几乎所有大型制药公司（全球前 5 ～ 10 名）都在某种程度上结合新的药物科学技术（如基因组学）建立了内部研发计划。可以从这些大型制药公司对研究设施地理位置的设置和对高级研究人员的聘用决定中找到这些投入的蛛丝马迹。[13]

第三个维度和项目的来源有关：内部研发与内部授权或以其他方式从外部获取。同样，人们普遍错误地认为，今天的大型制药公司很少进行内部研发，并且严重依赖新兴的生物技术公司来提出新想法和项目。确实，大型制药公司迅速提升了它们的技术和药物授权能力，但说它们不进行内部研发或将所有突破性研发留给新兴的生物技术公司是错误的。

不幸的是，随着时间的推移，关于内部研发和外部研发细分的准确数据并不总是可以获得。此外，关于什么是"外部研发"的定义各不相同——例如，股权投资是否被视为外部研发？美国制药研究和制造商（Pharmaceutical Research and Manufacturers of America，PhRMA）在 2002 年进行的一项调查概述了外部研发比例攀升的趋势。[14] 这项（对 PhRMA 成员的）调查表明，1993 年，制药公司将23% 的研发支出花在各种来源于外部的项目上。这一数据在 1997 年攀升至 28%，据报道，1998 这一数据年为 31%。不幸的是，该年之后似乎没有任何可比数据。

理解外部研发作用的另一种方法——与上文不能严格地相互比较的方法——是分析从外部获得许可的药物开发候选项目（与内部研发的项目相比所占的相对比例）。2002 年，排名前 10 的制药公司（按开发项目数量排名）总体有 47% 的药物开发候选项目是通过外部许可方式获得的。[15] 各公司之间存在一些差异，最低为 43%，最高为 55%。将样本扩展到排名前 20 的公司，这一比例将降至 43%。
继续将样本扩展到排名前 50 名的公司，这一比例就只有 41% 了。
因此，世界上那些大型制药公司研发的候选药物中，似乎有相当数
量来自外部（如一所大学、一家较小的制药公司或另一家大型制药
公司）。尽管如此，大型制药公司的大多数药物仍然是内部研发的。
它们未来是否继续如此只能推测，且将取决于它们的研发战略，我们
将在后面讨论这个问题。

　　大型制药公司的大多数技术或科学上最先进的项目也不是从联
盟合作伙伴那里获得的。伊兰·盖杰（Ilan Guedj）对 1984—2001 年
间 40 家大型制药公司进行的 4057 个制药项目的研究表明，内部研
发的药物的新颖性与联盟相比没有统计学上的差异。[16] 尽管如此，
联盟和许可一直是生物技术行业解剖结构中的重要组成部分。如前
所述，生物技术行业的新进入者依赖其与主要制药公司的联盟来获
得基础资本。没有风险投资愿意为这些公司提供足够的资金，以供
它们研发自己的药物，以支撑公司的发展。它们唯一的办法是找到
愿意为药物研发提供资金的合作伙伴（大型制药公司），以换取未来
的产品的权益。从本质上讲，专业知识市场的出现是对资本市场缺
口的回应。

专业知识市场的出现

　　市场的存在既需要买家又需要卖家。新兴的制药公司愿意在这
个市场上做卖家，这很容易理解，但为什么成熟的制药公司愿意与
生物技术公司合作？成熟的制药公司还有两种替代方法可以选择：

自己在内部进行研发，或者直接与大学合作。首先应该指出，这几种方法并不矛盾。到 2004 年，大多数大型制药公司都同时进行着内部研发、与生物技术公司结盟以及与大学结盟。

在 1980 年之前，很少有成熟的制药公司有内部生物技术研发计划。孟山都、默克、杜邦、礼来、Ciba Geigy①和霍伊斯特（Hoechst）公司在 1978 年是为数不多的拥有内部生物技术研发计划的公司。[17] 正如第 1 章所解释的那样，重组 DNA 和单克隆抗体技术代表了根本不同的合成药物的方法。来自基因工程的药物是大分子，而不是 40 多年来主要制药公司赖以生存的化学合成小分子。这项技术植根于生物学，而主导药物研发组织的是化学家。在大多数成熟的制药公司中，没有天然科学支持者来倡导对生物技术进行大规模投资。此外，在行业发展的早期阶段，许多化学家对于基因工程在药物研发中的应用持高度怀疑态度。蛋白质类药物极为罕见，直到 1982 年重组胰岛素被批准上市，该技术才获得了重要验证。

从商业角度来看，生物技术也面临着质疑。由于蛋白质类药物会在肠道中被分解，因此不能口服，它们必须被注射到人体内。这种不太方便的给药方式限制了蛋白质类药物的使用，这在当时被认为极大地限制了生物技术的整体商业潜力。至少，围绕生物技术的高难度技术和商业不确定性意味着企业可能不愿意投入大量资源来开展大规模的内部研究项目。与专业公司合作成为一种探索新领域的途径，这种合作承诺相对有限，且在必要时可以逆转。

至于联盟，制药公司可以选择与生物技术公司和大学合作。图 4-6 显示了 1988—2002 年排名前 20 的制药公司和生物技术公司

① 成立于 1970 年，是当时全球最大的制药公司之一，后与 Sandoz 合并，成立诺华公司。——译者注

之间结成的联盟数目。总的来说，制药公司与生物技术公司的合作次数超过了它们与大学的合作次数。[18]其原因很复杂。首先，事实上，制药公司确实在与大学建立合作关系，因此它们并不是在采取相互独立的。礼来公司与加州大学旧金山分校达成了协议，杜邦公司与加州理工学院和哈佛大学达成了协议，孟山都公司与华盛顿大学有关联，霍伊斯特公司与马萨诸塞州总医院建立了在当时可以算是有里程碑意义的关系。然而，与生物技术公司合作似乎是参与这项技术开发的首选途径。

联盟数目/个

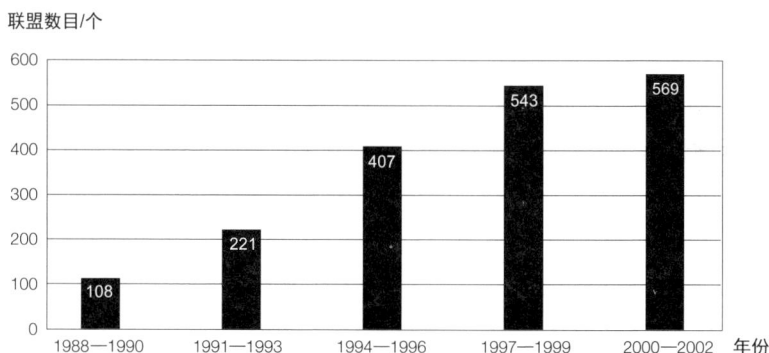

数据来源：摘自 Mike McCully, "How the Elephants Dance Part 4," *Signals*, 最初出版于 2003 年 2 月 6 日。

图 4-6　1988—2002 年排名前 20 的制药公司和生物技术公司之间结成的联盟数目

正如第 6 章将详细讨论的那样，绝大多数生物技术公司都是由大学科学家的知识产权衍生出来的。成立后，这些公司想要扭亏为盈，基本上都需要与更大的公司合作（即销售他们的技术）。这些新兴的公司在相对较早的发展阶段从学术界获得了技术和知识产权，然后几乎立即将这些技术和知识产权出售给了成熟的制药公司。

制药公司没有直接从大学获取技术和知识产权，而是通过生物技术公司获取的原因之一是，大多数制药公司自身缺乏利用这些技术和知识产权的能力。大学实验室的发现虽然令人兴奋和诱人，但仍然处于早期阶段，需要进一步开发才能用于临床试验：必须探索替代细胞系，蛋白质需要进行表征和纯化，各种测定需要开发，细胞培养流程也需要开发。虽然制药公司在临床试验和监管流程上非常专业，但它们在蛋白质化学这一科学领域内部缺乏相应的技术能力。与此同时，大多数大学实验室认为这些活动过分"偏应用"。学者因实现科学上的突破而获得奖励，而从科学概念到临床药物必须经历的过渡性改进不是其学术生涯发展的基础。生物技术公司则缩小了基础科学发现和应用开发之间的差距。生物技术公司进行的研发活动大多过于偏向实际应用，不适合大学的研究环境；而对于大多数制药公司来说，这些研究又处于初级的阶段。在建立起自身的研发能力之前，制药公司需要通过与生物技术公司合作来弥补这一差距。

上述模式也有例外。礼来公司是生物技术的早期推动者之一。由于在生产胰岛素方面的悠久历史（和巨大的商业兴趣），它在20世纪70年代末就建立了一个内部研究项目。默克公司在吸引顶尖科研人才进入其内部实验室（主要是在医学化学领域）方面有着悠久的历史。孟山都公司于1973年启动了细胞生物学研究（用于农业应用）。[19]其他大公司则能够招募顶尖的科学人才并与大学建立联系。尽管如此，上述基本模式是准确的；从大学中诞生的新兴生物技术公司是该行业早期阶段主要的生物技术研发中心。它们与大学关系最密切，通常位于大学实验室内（最初几天）或附近。成熟的制药公司主要利用与这些公司的合作关系获得技术。

专业知识市场的演变

生物技术专业知识市场至少以 3 种方式进行了演变。图 4-5 展示了 1988—2002 年排名前 20 的制药公司和生物技术公司之间结成的总的联盟数目。在非常粗略的水平上，专业知识市场已经变大了许多，这是第一个演变的维度。这一变化反映了一个简单事实，即生物技术公司的数量急剧增长，从而扩大了可供合作的项目的数量。上述制药公司在自己的实验室之外寻找研发机会的战略也推动了联盟数目的增长。虽然大型制药公司与生物技术公司合作的倾向各不相同，但今天几乎所有公司都至少参与了几个主要的联盟。

大型制药公司与生物技术公司合作开展的项目的特征也发生了变化，特别是双方开始合作时项目所处阶段的变化，这是第二个演变的维度。由于药物研发过程很长，所以研发周期内的合作时机有了较大的选择余地。图 4-7 描绘了生物技术行业整个生命周期中大型制药公司与生物技术公司合作时项目所处阶段的变化。请注意，此分析仅限于重组资本（Recombinant Capital）数据库中报告了签约阶段的合作项目（约占项目总数的 50%）。尽管如此，这仍然合理地描述了大型制药公司与生物技术公司开始合作时项目所处的阶段随着时间的推移是如何变化的。

人们通常认为，大型制药公司只对后期项目的许可感兴趣，这些项目的剩余开发风险较低，但这种看法并没有数据依据。从 1998 年到 2002 年，在药物研发过程的最早阶段结成的联盟平均占制药公司和生物技术公司结成的联盟的 48%。诚然，随着时间的推移，在研发后期结成联盟的比例有所增加，但这可能只是反映了这个行业研发投资组合结构的变化。在该行业的最初几年，它的总体投资组合中处于研发后期的项目相对较少。随着行业的成熟和项目研发过程的发展，能够获得许可的后期项目变多了。从早期研发到被批准上市，所有这些项目的专有技术市场似乎都相当活跃。

联盟数量/个

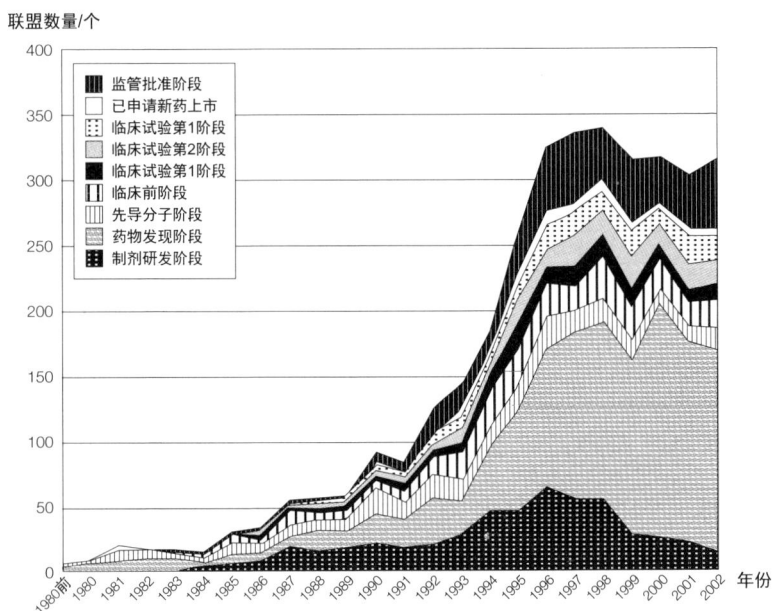

图 4-7　生物技术行业整个生命周期中大型制药公司与生物技术公司合作时项目所处
　　　　阶段的变化

第三个可能演变的维度和生物技术公司与其制药合作伙伴之间的关系的性质有关。这些合作伙伴在组织、法律、财务和运营上的关系有多密切呢？我们可以将这些关系视为一个连续的光谱，在这个光谱最不密切的一端存在着保持一定距离的合同关系。在公平交易协议下，几乎没有组织、法律、财务或运营整合。贸易条件在合同中有详细规定，但各方仍然高度独立，唯一的问题是贸易条件是否得到满足。短期研发合同、许可协议和收费服务协议通常采用这种形式。另一种极端的关系是非常亲密的合作，涉及重要的组织、法律、财务和运营整合。其中许多关系涉及制药合作伙伴对生物技术公司的股权投资（以及在董事会中的代表权）。合作伙伴可能会同意跨多个项目长期合作，他们的科学家可能会在一段时间内聚在一起进行合作。在这种情况下，各合作伙伴的知识产权可以共享。其中一些关系非常接近于直接收购。

生物技术行业的一个有趣的特点是，它包含从公平交易、收费服务协议到长期、深入合作伙伴关系的各种关系。乔希·勒纳（Josh Lerner）和罗伯特·默奇斯（Robert Merges）在对 1980—1995 年间结成的 200 个生物技术联盟的分析中发现，联盟成员之间签订的合同的期限从 0.75 年到 31 年不等，平均为 3.79 年。[20] 更有趣的可能是这些联盟中控制权的差异。在某些情况下，一旦开始与大型制药公司合作，相对之下，发起该项目的生物技术公司对药物研发的控制权将丧失殆尽。但这并不是普遍存在的。在一些联盟中，生物技术公司对有关药物研发的关键决策保持着高度的控制。

总结

在生物技术行业几十年的历史中，业务是根据技术的变化同步演变的。事实上，正如第 3 章所讨论的，从科学的角度说，不存在一场"生物技术革命"，而是有许多场不同的技术革命。生物技术行业也是如此。多年来，我们看到了几个不同的"生物技术产业"的形成，这些产业由追求特定技术和商业战略的不同企业集群组成。

一些关键事实显而易见。首先，公司的技术和商业战略似乎与它们成立的时期密切相关。新的科学浪潮推动了专注于这些科学领域并建立相关能力的公司的出现。虽然公司可能会试图扩大其业务的纵向范围，但它们往往聚焦于发展特定的技术能力。例如，即使是又大又成熟的生物技术公司（如安进公司、基因泰克公司、健赞公司），尽管它们越来越多地尝试扩展到小分子领域，但它们仍然相对高度专注于生物制品领域（如重组 DNA 技术、单克隆抗体）。我们用景观来比喻，也许对生物技术的最佳看待方式是将其看作一大群岛屿，不同的公司选择在其中占据不同的位置，占据何种位置取决于他们的技术方法和专业知识领域。

然而，药物的研发需要整合。也就是说，人们需要拥有宽泛的技术能力、工具和组织资产。这解释了生物技术行业的另一个特点：协作合约发挥着重要作用。所有新进入者都是专业知识市场的活跃卖家。他们通过与老牌制药公司合作寻求资金和市场准入，然而协作的模式并不是"平衡的形式"。随着时间的推移，大多数公司都试图垂直整合；也就是说，他们试图自己研发和营销药物，而不是将其授权出去。

本章展示了一个包含多种技术战略的产业领域，这些战略源自许多公司专注于其特定领域。在上述产业领域内，生物技术公司和大型、成立的制药公司结成的联盟和合作在其中发挥了关键作用；同时，这也是一个知识市场随时间不断增长，越来越多的生物技术公司参与合作项目的领域。这种产业结构能否应对科学挑战？我们可以通过审视该领域多年来的表现来回答这个问题，下一章将集中讨论这一点。

第 5 章

生物技术行业的表现：承诺与现实

本章主要讨论生物技术行业的财务和经营表现。纵观生物技术行业的历史，人们的期望值一直很高。生物技术行业的美好前景是，通过不同（和卓越）的技术，能够彻底改变药物研发的过程，这种改变将带来新药的大量涌现。当然，这也会助长盈利能力。此外，人们普遍期待并认为，较小的生物技术公司在研发方面比成熟的制药巨头更有创造性。这种假设常常导致有人对制药公司的技术战略提出非常具体的建议。例如，在行业会议上最常见的"金句"之一是，大的制药公司应该专注于营销，而把创新研发留给小的生物技术公司。本章从实证角度对这些假设进行探讨。

财务表现

在不同的公司、不同的时间以及不同的投资阶段，生物技术行业的财务回报有很大的不同。如果一个足够聪明的投资人在 1980 年买入一系列生物技术公司的股票，并且在 1999 年下半年将其卖出，他将获得非常诱人的回报。事实上，对于更多在 1980 年买进、1999 年卖出的人来说，这意味着他们在基因组学泡沫期间跳进了生物技术行业的坑。这些投资人最终吃了大亏！

看财务业绩的一个简单方法是考虑投资人如何购买生物技术公司的 IPO 股票并持有一段时间。根据一项分析，投资人如果在 1979—2000 年间购买了所有 340 家生物技术公司的 IPO 股票，并持有这些股票至 2001 年 1 月（或直到公司被收购），将获得 15% 的平均年回报率。[1] 这当然不能算糟糕的表现，但考虑到生物技术股票固有的风险（以及与其他低风险投资相比），这个回报率也不是特别突出。看财务表现的另一种方式是假设一个投资人，他在某一年购买了一篮子上市公司的生物技术股票（非 IPO 股票）。1981 年价值 1 美元的生物技术股票在 2003 年年底价值约为 8 美元，相当于每年大约 10% 的复合增长率。相比之下，如果同样投资于美国长期国债（几乎无风险的投资方式），其价值将接近 12 美元；而投资于道琼斯工业平均指数，则价值约为 21 美元。[2] 因此，虽然生物技术行业确实有一些公司表现出色，例如，同样的 1 美元投资于安进公司，其价值将高达 165 美元。总体来说，与其他投资（通常风险也较小）相比，该行业的回报率令人失望。

研究上市股票回报率当然是一种评估绩效的方法，但同样引人入胜的是，我们还可以审视私募股权（特别是风险投资）的回报，因为它在生物技术领域发挥了至关重要的作用。图 5-1 所示为专注于生物技术的风险投资基金的每年内部回报率。

年度回报率

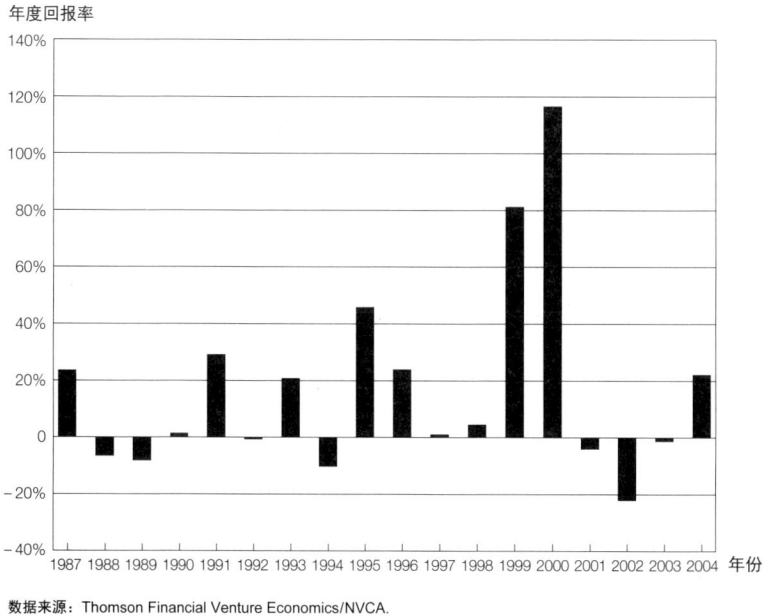

数据来源：Thomson Financial Venture Economics/NVCA.

图 5-1　专注于生物技术的风险投资基金的每年内部回报率：使用周期性内部收益率
　　　　（IRR）计算的平均时间加权收益率（IRRs）

正如人们猜测的那样，这一行业的风险投资回报率随时间推
移波动很大，其表现良好的时期与公开股票市场对首次公开募股最
为热情的时期相吻合。同时，也存在一些回报相对较高的时期。例
如，Venture Economics 的报告称，在 1996—2001 年期间，风险投
资基金投资于生物技术的资本中，至少 60% 的资本的 5 年回报率为
42.5%。[3] 这与同期所有行业风险投资 40% 的回报率大致相当。然而，
1999—2001 年期间，生物技术股票的上涨为其首次公开募股打开了
一个巨大的窗口，这显然大大有助于风险投资回报的提升。如果我
们拉长时间线考虑 1986—2002 年期间的回报，可知专注于生物技术

的风险投资基金的每年内部回报率为 16.6%，略高于首次公开募股买家在稍长的时间范围内得到的 15% 的回报率。考虑到风险资本本身的风险较高，这样的表现很难说很好。

股市估值是衡量经济表现的一种方法。也许更直接的方法是简单地看一下行业的收益。它在创造利润方面做得如何？对 1975—2004 年期间存在的每一家上市生物技术公司（见附录 A）的财务表现进行全面分析，可以找到答案。为了了解生物技术行业作为一个整体在历史上的表现，我创建了该行业的年度总收益表。本质上，这种方法将该行业自 1975 年以来每年的每家公司的利润表合并为一份行业级报表。由于收益计算可能会被各种会计处理扭曲，因此用折旧前的营业利润（现金流）作为衡量盈利能力的指标。该方法通过将生物技术行业视作一个整体，来描绘其整体表现情况。

图 5-2 展示了 1975—2004 年期间有无安进公司时生物技术行业的销售收入和折旧前净营业利润的年度变化。这一趋势图非常惊人：虽然销售收入呈指数级增长（正如我们在新兴行业中预期的那样），但盈利能力却未能随之提升。更糟糕的是，整个行业的利润水平基本上徘徊在接近零的水平。此外，如果我们将最大、最赚钱的公司安进从样本中剔除，情况会变得更糟。没有安进公司，这个行业在历史上几乎一直处于亏损状态。应该注意的是，如果说这些数据所提供的情况有偏向，那么是偏向于乐观的，因为该分析未包含非上市企业，而这些企业几乎都是亏损的。因此，这里的数据仅针对产业集群中最赚钱的部分。此外，该分析基于现金流，而非净利润。因此，我们没有考虑折旧，折旧可能代表随着时间的推移而更换实物资本的成本。

金额/百万美元

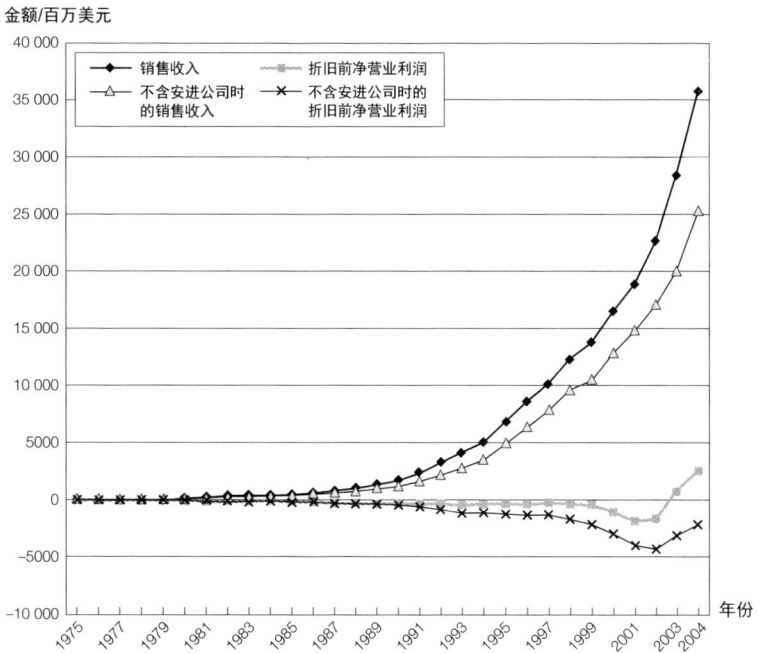

* 数据经通货膨胀调整。

图 5-2 1975—2004 年期间有无安进公司时生物技术行业的销售收入和折旧前净营业
利润

　　在生物技术这样回报分布极不均匀的行业，谈论平均表现往往
没有实际意义。事实上，如图 5-3 所示，正面的经济成果集中在少
数几家公司。2004 年，绝大多数上市生物技术公司的现金流为负值。
在产生正现金流的公司中，仅 15 家公司就贡献了该行业 93% 的现
金流。其中仅安进公司和基因泰克公司就占了这个行业创造的现金
流的 53% 以上。

折旧前净营业利润/百万美元

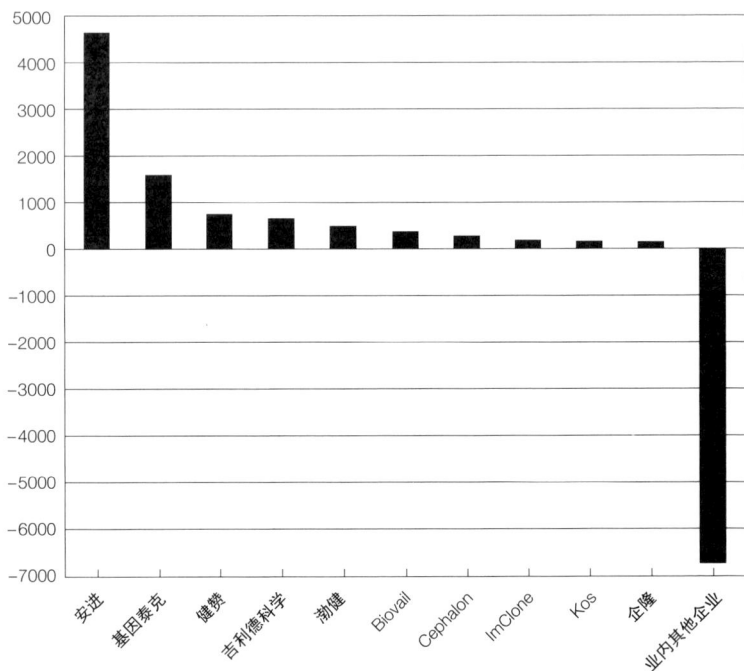

图 5-3　2004 年各生物技术公司的财务表现

　　下一章将开始分析生物技术行业迄今（指 21 世纪初）为止财务表现差的根本原因。怀疑者可能会说，这种分析是"不公平的"，因为它没有考虑该行业新药上市漫长的滞后时间。诚然，这是一个有着很强滞后性的行业：我们不会期望该行业在一夜之间产生正利润。然而，有几点是值得注意的。

　　首先，这些数据跨越 30 年，因此时间范围刚好涵盖大约两个完整的产品开发周期。因此，虽然我们可能不会期望这个行业在"一夜之间"产生利润（尽管乐观主义者比比皆是），但我们可以预期在

20 年的时间范围内，这个行业能够有更好的总体表现。其次，深入调查样本并查看单一公司，可以发现盈利的生物技术公司很少。绝大多数生物技术公司从未产生过正现金流。此外，有相当多的公司已经经营了 10 年或 10 年以上，但从未盈利。样本中似乎也没有任何证据表明盈利只是时间问题（即如果有足够的时间，生物技术公司将获得利润）。样本中的公司从首次公开募股到产生现金流的平均时间约为 11 年，但该行业的一些公司已近 20 年未产生正现金流，如图 5-4 所示。

金额/百万美元

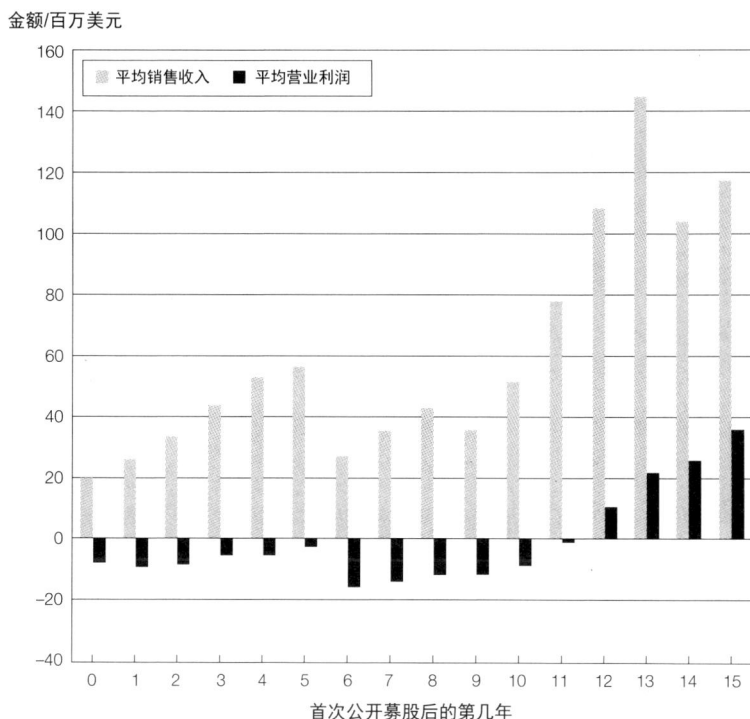

图 5-4　首次公开募股后的平均销售收入和平均营业利润

长滞后时间问题反映了该行业的一个重要结构特征，我们将在后续章节中详细讨论。对于具有如此不寻常经济状况的公司，有什么合适的融资和治理机制呢？事实上，几乎不可能找到历史上的其他例子，至少在行业层面上如此，在别的行业很难预期有如此大比例的新进入行业者会忍受如此长的亏损期，更何况绝大多数公司可能永远无法实现经济上的可持续性。

研发效率

财务指标为我们提供了公司和行业表现的概览图。归根结底，投资人关心的是财务回报，而对于行业的生存能力来说，正回报是绝对必要的。然而，在制药这样的行业中，研发表现是财务表现的直接长期驱动因素，研发效率是反映研发表现的重要指标。将金融资源转化为药物（进而推动盈利能力）的能力对该行业的生存能力至关重要。

在过去若干年里，研发效率的提升已经成为制药行业取得成功的原因。近几十年来，研发费用与日俱增，而新药投入使用的速度却未能跟上脚步。事实上，新的化学药物的引进速度已经下降了。这意味着我们花费更多，回报更少——这点我将在后面详细讨论。由于这些数据主要涉及那些大型制药公司，"研发率危机"通常被视为大型制药公司疲软的迹象。许多行业观察家和分析师都断定，生物技术公司带来了摆脱研发效率危机的办法。事实上，有一种观点几乎在每次生物技术行业大会中都能听到，那就是大型制药公司最好能够专注于市场营销，而把大部分研发工作外包给小型生物技术公司。

我们可以通过计算经过通货膨胀调整后，大型制药公司样本和全面的小型生物科技公司的样本中研发每种新药物分子的花费来研究这个问题——与前述财务表现分析使用的样本相同。然而，调查样本中所有只专注于技术平台研发且从未尝试研发一种真正新药的公司都被淘汰了。该制药公司的样本包括根据其研发投入排名世界前 20 的制药公司。对于我们调查的生物科技公司和大型制药公司，我们跟踪了其在 18 年中推出的新药物分子的累计数量与累积研发费用之间的关系。综上，研发效率的衡量标准是每种新药推出（经过通货膨胀调整的）的研发成本。

有几个重要的方法论要点值得注意。首先，药物样本仅包括新分子实体（NMEs），这包括小分子药物和生物制品，不包括产品线的延伸、药物重新配方或新适应证的批准。其次，为了反映研发支出和研发产出之间的滞后关系，对于样本期前 4 年上市的新药进行"折减"（降低其权重），因为它们可能获益于调查开始前的某些支出。样本期第一年（1984 年）上市的 NME 被赋予 10% 的权重，第二、第三和第四年上市的 NME 权重分别是 25%、50% 和 75%。

此外，必须考虑企业之间研发合作伙伴关系的影响。由于研发合作形式的多样性，这变得相当复杂。尤其是当一家生物技术公司自主研发一种药物到某个程度，然后又将其许可给合作伙伴，由合作伙伴负责后续的研发活动及费用时，问题尤为棘手。理想情况下，我们需要确切地知道研发经费有多少出自原公司、有多少出自合作伙伴。实际上，我们无法在一致性和全面性的基础上获得这种数据。因此，一个简单的成本分配规则就够了。对于每种在任何类型的协作合约下走向市场的药物，最先研发该药物的生物科技公司的记分为半个 NME，其合作伙伴获得剩下的一半分数。同样的方法也应用于大型制药公司：如果两家公司合作了，那么各记一半分数。

这种方法显然有其局限性。甚至不如说，这种记分方法在以下几个方面对大型制药公司有不利影响。首先，现存大型制药公司拥有许多已经上市的药物，对于这些药物，它们需要花费研发资源进行上市后批准研究、产品线拓展、新适应证开发和新剂型与新剂量开发。此类支出一般占大型制药公司研发预算的 10% ～ 15%。这些支出不属于创新 NME 的支出，但也计入了调查样本中公司的总研发支出。其次，大多数大型制药公司专注于适应证患者人数较多的药物，而生物技术公司通常专注于更专门的市场，这一差异通常会转化为临床试验规模的差异。而临床试验中患者的平均数量是影响制药行业研发成本的一个重要因素。在解释这些研究结果时，应当考虑到这些限制和注意事项。图 5-5 显示了上述分析的结果。图中展示了 2004 年生物技术和大型制药公司每种新药的研发支出。从图中的数据来看，没有证据表明生物技术公司的研发效率比大型制药公司更高或更低。当我们改变模型的假设时，结果没有显著的差异。数据表明，实质上，20 年后，大型制药公司和生物技术公司的研发效率竞赛已陷入僵局。鉴于此类数据中不可避免的噪声，以及所采用方法的固有限制，我们不应过分关注细微差距。尽管数据有其局限性，但我们不得不严肃地质疑这样的假设，即在研发方面，生物技术公司的生产力显著强于大型制药公司。如果整个行业存在研发效率问题，那么这一问题似乎会均等地出现在生物技术公司和大型制药公司身上。虽然对研发效率爆发的预期一直是生物技术行业前景的一部分，但这种预期没有在数据中体现出来。

研发支出/百万美元

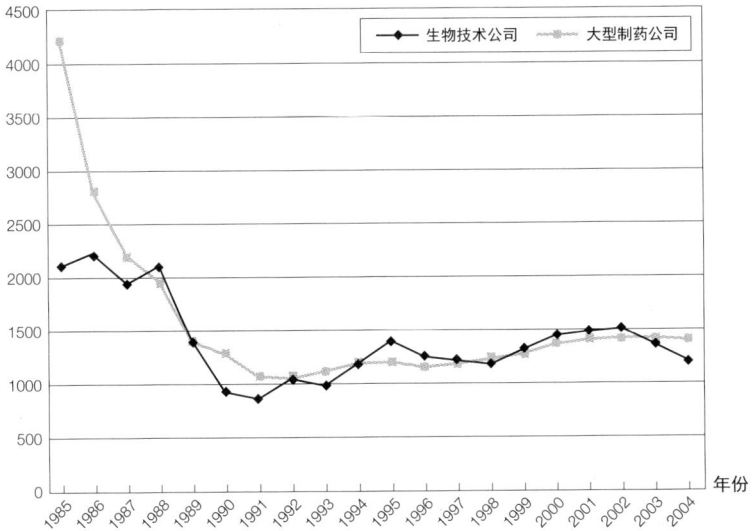

图 5-5　2004 年生物技术公司与大型制药公司对每种新药的研发支出

　　这样的分析结果可能遭受 3 种批评。首先，有人可能会争辩，
生物技术的前景尚未到来，几年之后情况会有所相同。其次，成果
的估算方式（药物数量）很粗略，没有考虑每种药物的商业潜力。
最后，估算产出时没有考虑药物在医学上的复杂性和重要性。这些
都是有力的观点，下面依次讨论。

未来的情况会有所不同

　　这是一个无可辩驳的假设，因为未来的数据只能在未来获得。
然而，通过使用累积（不是逐年）衡量研发效率并进行滞后调整，

我希望能够消除时间滞后可能带来的混淆影响。因为我们永远无法确定未来会和现在一样（或所有不同），今天正在进行的项目也许能为即将到来的情况提供一些洞察依据。乐观主义者常常提起的事实是，生物技术公司在临床开发药物中的占比正在增长。据估计，在2003年，处于研发管线中的药物30%是生物药物。[4] 这表明，我们可以预见将来有大量的生物药物从生物技术公司的研发管线中涌现。然而，生物技术公司必须考虑两个重要的因素。一是生物药物的研发支出将继续大幅增加，二是研发中的生物药物的损耗率实际上一直随着时间推移而提高。[5] 因此，虽然生物技术公司可能有更多正在研发的项目，但考虑到损耗率的提高，它们每投入 1 美元研发资金的产出是否会大幅增加，这一点尚不清楚。

探讨收入调整后的研发效率

找到有意义的产出衡量尺度是度量研发效率的一个挑战。在上述简单分析中，我统计了药物的上市数量，基本上给所有药物赋予了同等的权重。但是药物的经济效益差异巨大：有些药物的销售收入最终达到数十亿美元，而有些药物的销售收入不到 1 亿美元。从纯经济角度来看，有人可能会争论说，应该用某种反映经济价值的尺度来衡量产出。为了探究这个问题，我采用了和上述类似的分析方法，但是相对于统计药物的上市数量，我改为查看药物的销售收入。同样，使用类似的滞后调整方法，可将收入通常落后于研发支出好几年的情况考虑在内，而且，结果也被综合到整个行业层面。

图 5-6 相当清楚地表明，制药行业每一美元研发支出带来的销

售收入远高于生物技术行业。这可能主要是由于每种类型的公司选择研发的产品的战略组合不同。大型制药公司通常专注于为非常大的市场（例如高血压、胆固醇、疼痛和炎症市场）研发药物。例如，对于一家销售收入为 400 亿美元的公司而言，实现每年 10% 的目标增长率意味着其每年要增加 40 亿美元的收入。这显然更容易通过推出一种预计销售收入超过 40 亿美元的新的重磅药物来实现，而不是推出 10 种新药，使每种新药的销售收入达到 4 亿美元。因此，在战略上，大多数大型制药公司选择专注于更大的治疗领域。相比之下，生物技术公司通常选择专注于更小、更专业的治疗领域，因为这样的市场更容易进入。它们不需要组建庞大的销售代表团队去拜访数以万计的医生，也不需要支出巨额的直接面向消费者的广告费用；相反，对于更专业化的市场——就像癌症治疗领域——可以通过一

累计销售收入/百万美元

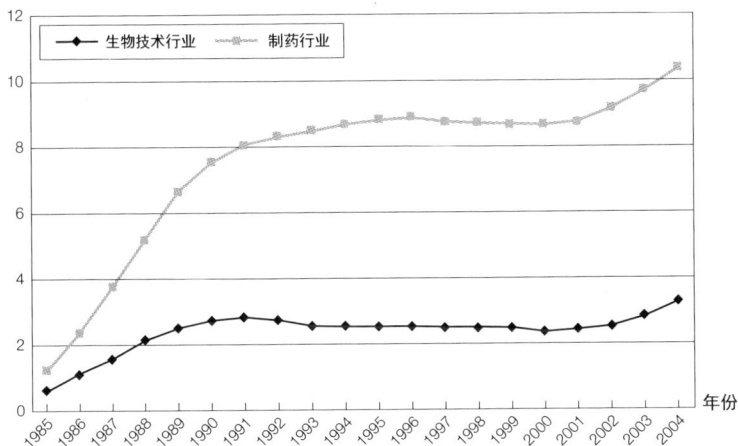

图 5-6　收入调整后的研发效率：生物技术和制药行业每十美元研发支出产生的累计销售收入

个小型的销售团队来覆盖，这个团队专注于医疗领域内的几十个意见领袖。此外，小型生物技术公司面临着和大型制药公司不同的增长需求。对于没有产品收入的公司来说，推出一个每年销售收入达 3 亿美元的药物是一个诱人的前景。在此基础上，再推出一种每年销售收入达 3 亿美元的药物，就可实现 100% 的销售增长。

因此，虽然生物技术公司和大型制药公司在每投入 1 美元研发资金所获得的销售收入差异可能更多是因为战略选择而非"糟糕的表现"，但它确实凸显了很多行业分析师忽略的问题。如果大型制药公司正在寻求使用生物技术来填补收入缺口，那么这些数据表明，这并不是一个乐观的选择。

复杂性、风险以及医学重要性的差异

人们常常争辩说，生物技术公司开展的研发项目在某种程度上更复杂、风险更大，而且和大型制药公司开展的研发项目相比，很可能带来更具有医学意义的药物创新。如果这些因素确实存在，那么仅仅统计上市药物的数量，如前所述，可能会低估生物技术公司的"实际"研发效率。但真的是这样吗？

这是一个很难凭经验回答的问题，因为不存在一整套用于判断复杂性、风险和医学重要性的标准。美国食品药品监督管理局使用的是一套优先级系统，但在 1992 年，随着"处方药用户费用法案"的出台，这套系统进行了调整，这增加了跨时期比较的难度。只查看成功递交给美国食品药品监督管理局的药物会得到扭曲的结果，因为最具创新性的药物很可能是风险最大的，因此我们可以预料到这些药物的损耗率将更高（即它们从未递交给美国食品药品监督管理局）。医学上的重要性也很复杂。一种治愈患者人数很少的绝症的药物与一种治好了不那么严重但是患者人数很多的疾病的药物相比，哪种更重要呢？这取决于个人的观点：如果这个人患有某种疾病，那么针对这种疾病的药物对其就更重要。

毫不奇怪，轶闻中的证据是好坏参半的。大型制药公司推出了大量在既有药物的基础上做出了渐进式改进的药物（所谓"me too"药物）。当然它们也推出了真正的突破性药物，包括治疗艾滋病的蛋白酶制剂（默克公司）、治疗抑郁症的选择性血清素再摄取抑制剂（礼来公司）、治疗乳腺癌的他莫昔芬（百时美施贵宝公司）和治疗白血病的格列卫（诺华公司）。生物技术公司已经明确凭借自身推出了许多突破性药物，例如用于治疗危及生命的贫血的促红细胞生成素（安进公司）、用于治疗多发性硬化症的β干扰素（企隆公司、渤健公司）、赫赛汀（基因泰克公司）等多种新型癌症治疗方法，以及多种罕见遗传疾病的治疗方法（健赞公司）。但我们也需要记得，第一代生物技术药物在疗法上并不是很新颖。相反，它们是已经上市的药物的基因工程版本，只是采取了不同的制造工艺。毫无疑问，这些药物提供了好处（如纯度更高、降低了疾病传播的风险），但它们面临的治疗难度也较低。

人们对来自 PharmaProjects 数据库的药物研发数据进行系统分析后发现，公司规模与其正在研发的药物的创新性之间没有简单的相关性。对于每种处于研发阶段的药物，PharmaProjects 都会使用自己的一套分类方案来评价其在科学和临床上的创新性。这套方案会考虑药物分子是否使用了新"策略"来治疗某种疾病，以及药物的研发过程相对其他药物的先进性。分数包含 1 ～ 6 分，1 分表明该药物是最不创新和或最不先进的，6 分表明该药物是领先的化合物。对于 PharmaProjects 数据库中每个活跃的研发项目，我都收集了它们的创新评分和负责该项目的公司的规模（按市值计算）的数据，同时按照公司规模将数据样本分类，同时计算每种规模的公司研发的所有药物的创新评分的均值。研发中药物的创新性（按创新评分的均值来衡量）和公司规模的关系如图 5-7 所示。

创新评分/分

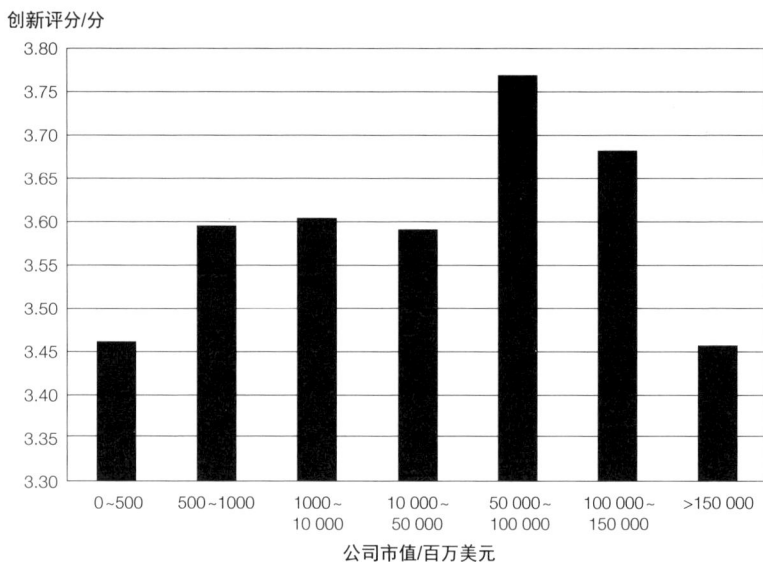

图 5-7　药物创新性和公司规模的关系

数据显示，从平均值来看，不同规模的公司在创新性方面几乎没有什么差异。中等市值范围内的公司的创新性有小幅跳跃，但仅仅代表了相当微小的增长。这份数据让人怀疑，小型生物科技公司相比大型制药公司，并没有系统性地投入更具创新性的研发工作。

公司层面的效率

到目前为止，分析和讨论都是在行业层面进行的，没有涉及公司层面的效率差异。然而先前关于效率的研究表明，公司层面的效率差异通常非常大。为了更好地解决这个问题，我选取了部分公司的研发表现数据，用上述方法分析了这些公司的效率。我选了 5 家成熟的生物科技公司，它们有着良好的产品上市纪录（安进公司、渤健公司、企隆公司、基因泰克公司和健赞公司）。选择成熟的公司能最小化公司起步效应可能带来的负面影响和结果的滞后性。作为对比，两家大型制药公司——默克公司和礼来公司也被考虑在内。默克公司常常被认为是大型制药公司的领头羊（至少在比较的时间范围内），因此其研发表现数据更容易获得。选择礼来公司也是出于类似的原因。

为了便于说明，图 5-8 以略微不同的形式展示了数据。它没有展示每种药物每年的研发成本总额，而是展示了整个时间段（1985—2004 年）的汇总数据。之前讨论的针对合作研发和时间滞后的调整也体现在此图中。

数据表明，各公司在推出每种新药的累计研发成本方面存在相当大的差异。虽然这里的样本数量不够多，我们不足以得出任何关于差异的统计学判断，但大致模式和总体分析基本是一致的。生物技术公司作为一个整体并不总是比大型制药公司在各方面的表现更好或者更差。公司之间的差异可能与战略有关。健赞公司推出每种新药的成本非常低，或许很大程度上是因为它专注于研发治疗罕见遗传疾病的药物（如戈谢病、法布里病）。由于这些疾病极为罕见，与常规的临床研发程序相比，针对这些疾病的药物的临床试验规模要小很多（因此成本更低）。然而，人们不该忽视这种可能——健赞公司通过专注于一组非常明确的疾病（由缺失酶引起的罕见基因疾病），还能够发展出并利用自身特有的组织能力和专业技术知识。找到合适的替代酶，设计适合小患者样本的临床试验，然后寻找和招募饱受病痛之苦的患者参与研究，是一项极其艰巨的任务。虽然其他公司试图效仿健赞公司的"罕见病"商业模式，但在执行这一战略上尚未如此成功。

研发成本/百万美元

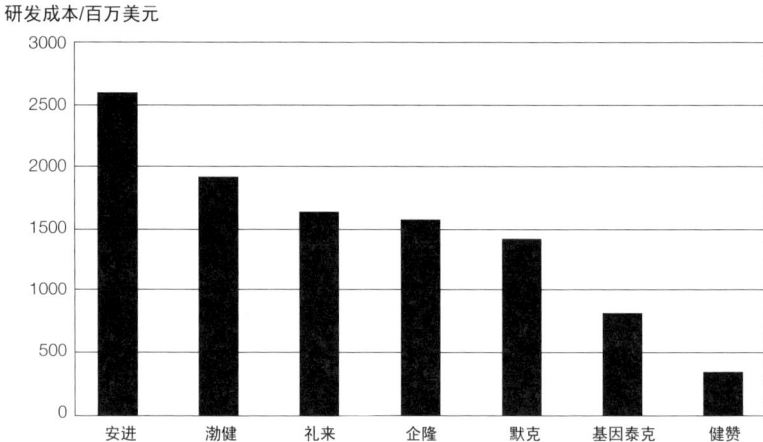

图 5-8　每个新药物分子实体（NME）的研发成本（1985—2004 年）

　　鉴于基因泰克公司专注于癌症疾病，其每种药物相对较低的研发成本值得注意。抗癌药物的临床试验往往既耗时又容易失败。众所周知，抗癌药物损耗率很高（项目容易失败）。基因泰克公司（在本次分析中）不仅因为推出了第一代替换蛋白（胰岛素、人类生长激素、第八因子）而获益，近年来还在研发创新的抗癌药物（如赫赛汀和阿瓦斯汀）中取得了成功。

可能有点让人意外的是，有着非凡的财务表现的安进公司，在研发效率上的表现相对较差。这家公司在成立早期推出了两种药物——促红细胞生成素（1989）和粒细胞－巨噬细胞集落刺激因子（1991）。这些都成了价值数十亿美元的产品，驱动了安进公司的业绩增长。然而，在 20 世纪 90 年代剩余的时间里，安进公司没能自主研发出另一种新的小分子实体药物。2001 年，安进公司推出了促红细胞生成素的改进版本阿法达贝泊。在 2002 年（采样周期过后），安进公司收购了英姆纳克斯（Immunex）公司并获得了依那西普的许可权证，收购成本为 160 亿美元。[6] 依那西普是一种每年销售收入约为 20 亿美元的药物。同样，根据这份数据下任何论断时都应该谨慎。虽然安进公司在整个 20 世纪 90 年代都未能成功推出任何新的小分子实体药物，但它在研发和拓展促红细胞生成素和粒细胞－巨噬细胞集落刺激因子的临床应用方面（即获批准用于新的用途）投入了大量资金。安进公司利用其核心平台资产（促红细胞生成素和粒细胞－巨噬细胞集落刺激因子）的战略在商业上取得了很大成功。

总结

无论是从财务还是运营方面，生物技术行业在过去几十年的大部分时间里都不是特别健康。也许这一事实并不让人惊讶。然而，这引出了两个有趣的问题。首先，凭借如此平淡无奇的投资回报，这一行业是如何长时间持续成功吸引资金的？其次，这种行业表象的底层原因是什么？

依据对美国资本市场短视的普遍批评，第一个问题很有意思。我们常常听说，美国资本市场，尤其是股票市场迷恋下一季度的业绩。生物技术行业看似不是特别契合这样的环境，然而生物技术公司正是从这样的市场中获得了大量的融资。更令人惊讶的是，投资人已经容忍了个别公司带来的数年（而且有时候是数十年）的损失，难道是资本市场变得宽容了吗？其他行业的证据表明，并非如此。想一想 20 世纪 90 年代的互联网"泡沫"——任何名字中含有".com"的公司的估值都大幅上涨。然而，在一个相对较短的时间内，一旦人们意识到大部分这样的公司都没有可行的商业模式，资本市场就会退出。风险投资人和大众投资人干脆停止了对名字中含有".com"的公司的投资。不能带来正向财务回报的行业，从长期来看，无法吸引投资。

即使生物技术股票价格波动明显，生物技术行业也表现出显著的反弹能力和吸引新资本的能力，尽管其业绩表现不佳。对此有一些合理的解释。首先，虽然生物技术行业的总体回报率很低，但投资人关注的是长尾。像安进这样的公司带来的惊人的股市回报为投资人提供了一个"灯塔"。人们——从成熟的投资人到投资小白——都投资生物技术公司，因为他们希望遇到下一个安进公司。然而这样的概率非常低，而且在风险调整后的基础上，这恐怕不太适合押注，毕竟预期就在那里。

维持着这个行业的投资的另一股力量和上面提出的第二个问题有关。人们通常认为生物技术行业尚未大步前进——这个行业仍处于长期转型的早期阶段，最终将非常有利可图，但只有时间能给出答案。然而，这种解释的逻辑取决于一个关键的假设——该行业结构是健全的，也就是说，行业由正确类型的公司组成，其遵循正确的战略和模式，受到正确的配套制度的影响。如果是这样，自然选择的经济学规律会起作用，并且随着时间推移（可能需要多一些时间），将会产生一些健康的、能获得高额回报的幸存的公司。这是本书最后一部分提出的最后一个观点。简言之，从结构上讲，生物技术行业的发展并不健康，鉴于当前科学技术的需求，其结构并不适宜；它并不匹配。因此，简单地给予生物技术行业更多时间无法解决这个问题。一个健康的生物技术行业需要以不同于我们当前所见的方式被看待和运转。

第6章

知识产权货币化

第 4 章和第 5 章考察了生物技术行业的结构（它的组成和布局）以及它迄今为止的表现（它的工作方式）。我们现在转到它是如何运转的问题上来：影响行业的发展方式、运营方式、公司的行为方式，以及参与其中的各种人的互动方式的根本力量有哪些？如果不能理解这些力量，我们就无法触及行业表现问题的根源，也无法明白怎样做或许可以提升行业表现。

本章的论点是，3 种互相影响的力量驱动着生物技术行业的生意。了解了这些，你可以很好地理解为什么这个行业看起来是这个样子，以及为什么它会有这种表现。第一种力量是通过催生新公司，将技术从大学向私营领域转移。第二种是资本市场，包括风险投资和上市股票。第三种是专业知识市场，其中，新兴企业通过与成熟企业以各种各样的形式结盟并交易知识产权，以换取资金。对这 3 种力量不能孤立地理解。创立新公司需要风险投资，而风险投资人会被大学研究中脱颖而出的技术所创造的机会吸引。上市股票市场具有流动性并可能提供回报，这是吸引企业家和风险投资人的首要因素。而且，老牌企业既为新兴企业提供了资金的来源，又为其进入产品市场提供了机会。

这些力量共同构成了一套知识产权货币化的系统。当专业知识从科学研究中脱颖而出，成为有（货币形式的）价值的知识产权，并通过各种渠道（市场）买卖的时候，生物技术就成了一门生意。成立新公司就是一种将知识产权货币化的方式。风险投资为知识产权提供了一种衡量货币价值的机制，并为它的货币化提供资金；股票投资人提供了流动性机会；结盟团体提供了评价和交易知识产权的手段。从这个角度，生物技术行业看起来和其他行业很像。类似的机制和效果在软件、半导体、信息科技和通信行业也是一样。本章的疑问是：这些约定在生物技术行业是否有效？尤其是它们是否能很好地满足第 3 章提出的功能要求——管理风险、整合和学习？

催生新公司

回想一下第 4 章，生物技术行业的特征是，其贯穿历史的一波又一波的成立新公司的浪潮。除了生物技术行业有名的巨头（安进公司、基因泰克公司）之外，这个行业主要由小公司和初创公司组成。它们都从何而来？为什么我们会看到这么多小公司和初创公司？

新的生物技术公司基本上有两个来源：发起或者参与创建新公司的学者，以及离开现有生物技术或制药公司创办自己公司的科学工作者或者管理人员。实际上，这种区分可能是模糊的。就算是非学术界人士创办的公司，通常也会将学者作为科学顾问团队的一部分，或者聘请学术界领军的科学家作为顾问。大学对催生新生物技术公司的突出贡献已经得到了充分的证明。[1]新的生物技术公司往往坐落在著名的生物医药学术研究型大学或者学术研究医院附近（例如剑桥、旧金山湾区）。[2]在2001年，安永（Ernst & Young）会计师事务所的一项调查发现，1/4的美国生物技术公司位于加州大学校园周边35千米范围之内，1/3的加州生物技术公司是由加州大学的科学工作者创立的。[3]凯利·波特（Kelley Porter）、克耶尔斯滕·惠廷顿（Kjersten Whittington）和沃尔特·鲍威尔（Walter Powell）搜集了波士顿地区57家生物技术公司中的52家的创始人的数据，发现131人在1980—1997年间参与创建了这些公司。他们中有52%的人都是大学的教职工，几乎所有人都与他们所在的大学保持着聘用关系。[4]

如果我们观察生物技术公司上市时大学和院系的持股情况，会发现类似的模式。重组资本公司的马克·爱德华兹（Mark Edwards）的一项分析表明，在2004年首次公开募股的生物技术公司中，有41%的公司有大学持有股份，50%的公司有教职工持股。相比之下，在1997年，30%的生物技术公司上市后的股东里有大学，53%的生物技术公司有教职工持股。[5]

为什么生物技术公司在这么长的时间内不断催生新的公司？乍一看答案似乎很明显。大学从事着前沿的基础科学研究工作，为新公司的形成创造了机会。更何况，《拜杜法案》的通过，鼓励了大学为自己的知识产权申请专利，并将其逐步商业化。快速更替的技术周期和大学技术商业化的激励是一个必要条件，但不足以解释新公司形成的原因，作为替代方案，大学可以把技术授权给现有公司。

为什么有这么多初创公司（有教职工加入的和没有教职工加入的企业）都是为了将新的科学成果商业化？换一种说法，为什么人们在进行技术转移的时候，常常采用成立新公司的方式，而不是通过大学与现有公司合作的方式呢？第一种解释与现有公司可能产生的需求有关。一般来说，公司会获取许可的技术符合其现有的技术能力和商业利益。它们向外寻找，为的是填补其投资组合中的特定需求或空白。由于大学通常处在科学的前沿，它们正在做的事情更可能处于现有公司的需求范围之外，大学所提供的（尖端科学）可能并不总是现有公司所需要的（填补特定差距的技术）。

第二种解释更具制度性。想要获取一项技术的许可，准许可人必须了解该技术——你很难买到你不知道的东西！但是，从这个角度来看，专业知识市场远远不够完美。关于可用技术和技术特征的信息是高度不对称的。那些最接近研究的人——大学的科学家知道第一手信息，并且更了解研究工作的科技含金量。一家制药或生物技术公司如果没有和某个大学实验室或那个实验室里的某个科学工作者保持密切联系，可能甚至不知道其已经发明了什么技术，也不知道什么技术可以被许可。作为第一个发明这些技术的人，大学的科学家们希望创建自己的公司，这显然有着流程上的优势——至于为什么他们更愿意这样做将在下文讨论。风险投资人通常与大学技术转让办公室和主要的研究型大学的教职工保持密切联系，以便密切关注创办新公司的机会。

就算在信息通畅的情况下，内部和外部各方是否会在平等的基础上争夺知识产权，这也完全不清楚。举个例子，礼来公司试图获取一项由哈佛大学著名生物学家沃尔特·吉尔伯特发明的重组胰岛素的技术，却输给了由吉尔伯特创办的渤健公司。[6] 不存在关于知识产权未成交的案例的系统的数据，因此很难知道有多少成熟制药公司尝试过但未能从大学获得知识产权的案例。然而，本书采访的制药公司的业务发展高管表示，如果相关教职工有兴趣为他们的关联公司获得许可权利，那么外部公司将极难获得在大学中发明的技术。之前展示的在首次公开募股中大学和教职工股权持有率较高的数据表明，对大学来说，或许存在很有力的财务激励措施，鼓励其将技术授权给初创公司而不是成熟公司。因此，即使现有企业对大学发明的技术有潜在需求，信息不对称和制度障碍也可能限制这种需求的满足。

从本质上讲，与社交网络关系密切的大学科学家和风险投资人在获得大学科研成果商业化的权利方面具有"内在优势"。就算现有公司对这项技术有所了解，有浓厚的兴趣获得其许可，他们相比初创公司也有着另一个劣势。为了得到相关技术和技术细节（不仅仅是知识产权，还有隐性知识），他们需要从学术界或者另一家公司招募对这项技术有深入了解的科学工作者。初创公司可以为科学工作者提供高杠杆激励——股权，这是现有公司极难复制的。回溯到行业起步阶段，基因泰克公司在1980年的首次公开募股取得了惊人的成功，这清楚地表明，加入一家这样的公司，个人财务回报可以是巨大的。

理论上，现有公司可以提供和初创公司一样高杠杆的激励，但这在实践中通常不可行。现有公司存在薪酬结构，这个薪酬结构基于现有的规范和组织内部的政治考量。虽然组织内部存在显著的薪酬差距，但这些差距的大小在实际操作中是有限度的。即使是小型初创公司，基于类似的原因，其在向新员工提供基于股权的薪酬方面也存在实际限制——有政治考虑（为什么员工 A 获得了比员工 B 更多的股权？），还有公司的资本结构造成的财务限制。

因此，任何现有公司想要提供与初创公司相同程度的高杠杆薪酬，通常都是不可行的。大学的科学家选择离开学术界加入公司，会面临专业上的危机。很多人认为这个决定是不可逆转的：加入一家公司会终结学术生涯。受雇于另一家公司的人也能感受到类似的职业生涯风险。只有以股权为基础的薪酬可能带来的收益才能让承担这样的风险变得值得。

生物技术行业的新公司形成的原因与其他行业没有太大区别。在生物技术行业，新成立的公司在竞争新技术方面的优势显而易见。总的来说，新公司为发明家提供了从他们的专业知识中获得可观回报的潜力。此外，发明家在获得技术权利方面具有讨价还价的优势，因为技术需要通过他们才能成功。在很多情况下，学者们很乐意留在学术界，并看到他们的技术被授权给现有公司（换取专利许可费或研究资金作为回报），但是一旦他们着迷于创业，只要能够获得资金，他们就有了一条非常清晰的道路可以创办自己的公司。这就是风险投资的用武之地。由于风险投资人和上市股票投资人一直在寻找下一个安进公司，因此每一个新点子都可能拥有自己的公司。

风险投资和上市股票

新公司需要资金，所有行业都是如此。生物技术行业能够如此快速地催生新公司，不仅反映了科学进步高速地创造了新机会，也反映了学者们倾向于成为企业家而不是雇员，或者大学对初创公司的许可倾向。这些因素都可能存在，但如果没有肥沃的资本环境，就不会有任何初创公司。

　　生物技术行业遵循了其他行业中常见的模式：风险投资推动了新公司的形成。图 6-1 展示了 1978—2004 年生物技术公司筹集的风险资本总额。风险资本既要理解为资金来源，也要理解成一种公司治理模式。风险投资人不仅仅提供资金，随着投资而来的还有密切的监督。风险投资人通过各种机制行使控制权，包括派出董事会代表、订立契约和合同限制、实施激励机制以及分期注资。[7]这些机制的设计旨在缓解新公司治理的一个关键问题：信息不对称。一般来说，企业家比投资人更了解时机的价值。随着时间的推移，这种信息不对称可能会加剧。例如，创业团队将最先了解他们正在进行的项目中难以解决的技术问题。风险投资人可以通过提供各种监测和控制机制来降低（但肯定不能完全消除）这些信息不对称带来的影响。[8]

风险资本总额/百万美元

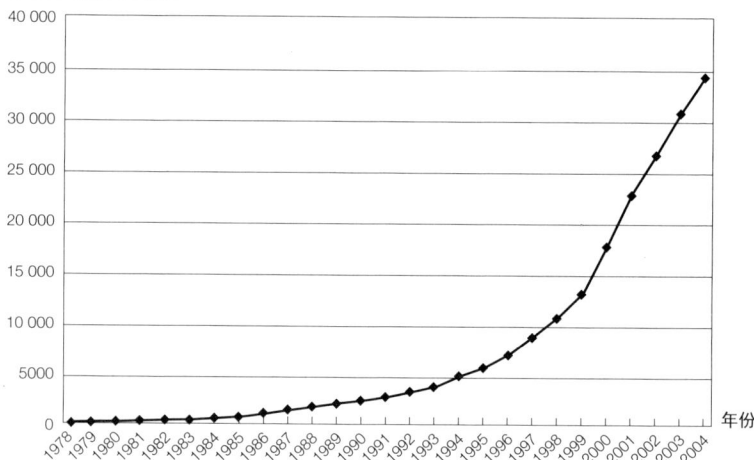

资料来源：VentureXpert 数据库。

图 6-1　1978—2004 年生物技术公司筹集的风险资本总额

风险投资的另一个优势是风险投资人自己成了相关行业的经验知识库。风险投资人的桌子上一般都摆着数百份商业计划书。他们投资了大量公司（如图 6-2 的成交数量所示）。他们有着深入行业的视角，这种视角很少有个体企业家能够拥有。而且随着时间的推移，他们作为投资人积累了投资数百家公司的经验。他们能够一眼看到初创团队可能犯的大多数错误。

单位：家

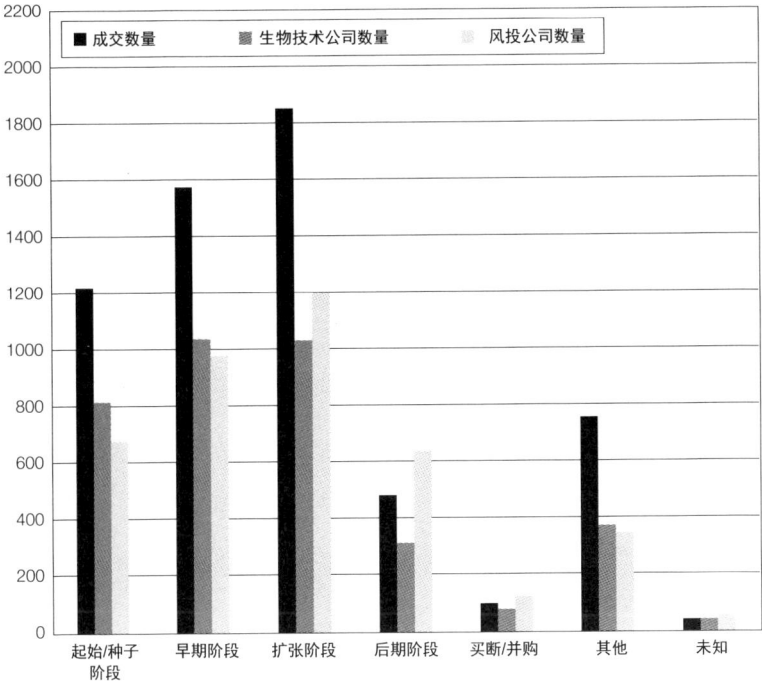

来源：VentureXpert 数据库。

图 6-2　成交数量、生物技术公司数量和风投公司数量

大量研究表明，风险投资在刺激创新方面起着至关重要的作用。[9]
事实上，在很多国家，政府视形成活跃的风险投资行业为刺激创新
的一个关键点。在生物技术行业，在形成新公司刺激创新的背景下，
风险投资毫无疑问起到了核心的作用。

说到生物技术，风险投资存在一个问题。风险投资的投资期通
常是 3 年左右。更何况，风投公司投资的是高风险的行业。因此，
它们需要在大量的风险投资组合中分散投资。因此，即使是最大的
基金，也无力将大量资金倾注到任何一家公司。如果我们观察风投
公司在生物技术行业的投资，会发现平均每家风投公司对每家生物
技术公司的投资数额（所有阶段加起来）只有 310 万美元。单个风
投公司向生物技术公司提供的最高平均金额为 2020 万美元。[10] 考虑
到大多数公司需要 8～12 年的时间才能将它们的第一种药物推向市
场，这里还需要假设它们有幸在它们的第一种药物上获得成功。实
际上，它们很可能会在此过程中遭遇一些失败。在这可能长达 10 年
的远征中，它们将消耗 8 亿～10 亿美元。这远远超出了风投公司所
能和将要提供的资金规模。

那么，生物技术公司是如何填补风投和所需资金的缺口的？它
们还有两个资金来源。一个是企业伙伴关系和战略联盟，我们将在
下面讨论这些主题。另一个是从股票市场筹集的资金。图 6-3 展示
了 1978—2004 年生物技术股票发行的累计收益。

累计收益/百万美元

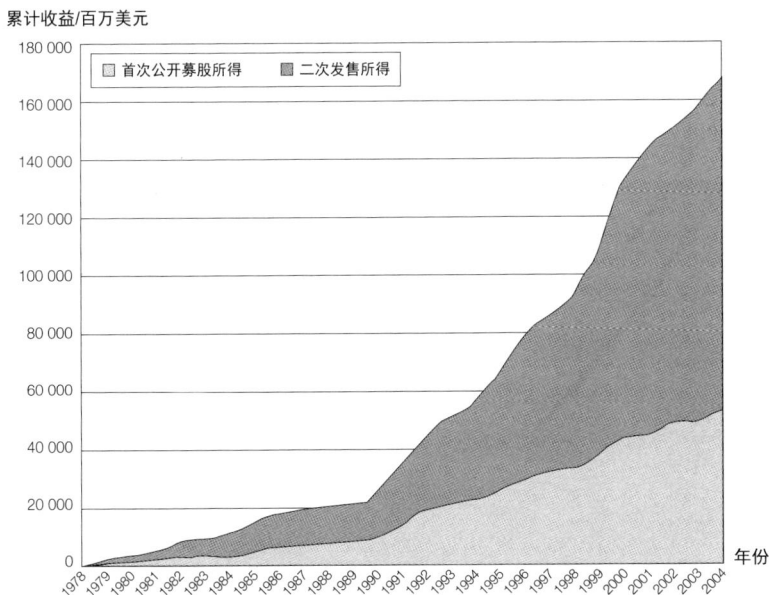

数据来源：Thomson Financial，Securities Data。

图 6-3　1978—2004 年生物技术股票发行的累计收益

　　图 6-4 展示了按类型划分的年度投资来源（2004 年）。从数据可以清楚地看出，和许多其他行业一样，生物技术行业的首次公开募股遵循周期性模式。数据还表明，平民上市股票投资人在生物技术公司的融资中扮演着非常重要的角色，尽管这些公司中的大多数在上市时处于商业发展相对早期的阶段。

　　与风险投资一样，上市股票不仅需要被理解为一种资金来源，还需要被看成一种管理结构，但是公开市场股权的治理机制和风险投资大不相同。由于公开股权市场为投资人提供流动性，股东几乎可以随时行使其选择退出的权利，就是这种退出选项对上市公司股东产生了最大的影响力。如果他们认为公司的前景较差，或者管理层做得很差，他们就可以出售股票。流动性强、运作良好的资本市场是一种强大的公司控制机制。

投资金额/百万美元

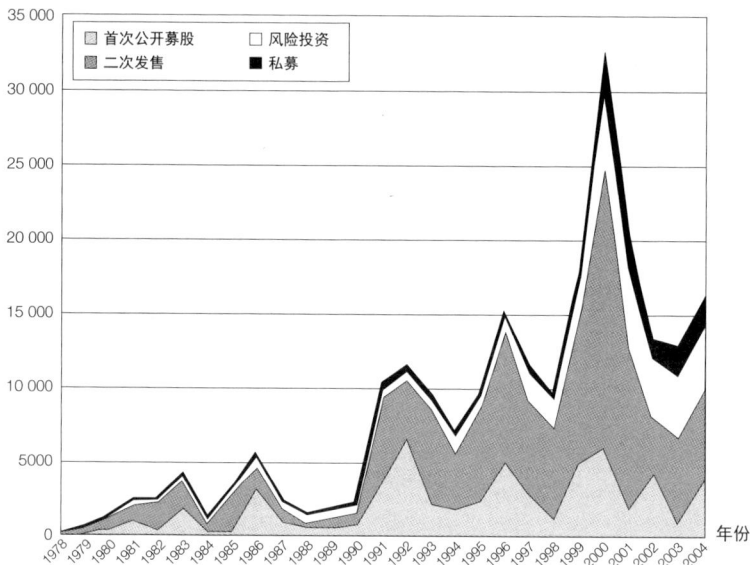

数据来源：Thomson Financial，VentureXpert。

图 6-4　按类型划分的年度投资来源（2004 年）

　　然而，公开股票市场运作良好的一个关键先决条件是信息可以被快速和一致地获取。在发达的资本市场中，已经形成了各种各样的配套制度和规则，以促进信息流动。例如，有一些披露规则要求公司公开可能对公司财务前景产生重大影响的信息。关于财务信息应如何传达和解释以及关键财务参数应如何衡量都有会计准则约定。有一些规定限制了"内部人士"何时可以买卖股票。一些中介机构

的人员，如金融分析师和审计师，在信息传播中发挥作用。这些中
介机构可以使用各种技术，如实物期权分析和贴现现金流来估计公
司的价值。

我们从安然公司的会计丑闻中知道，这些机制并不总是完美的。
事实上，它们可能会惨遭失败。但总的来说，它们对大多数类型的
公司来说都比较有效。它们对关键信息，特别是关于公司财务前景
的信息会及时披露，并使其迅速流向投资人和潜在投资人。这一信
息的披露推动了公司股票的估值。当信息快速流动时，我们不需要
风险资本的严密管理，我们可以让市场代劳。

总之，当企业估值所需的信息可以通过标准会计和财务方法轻
松披露和分析时，公开市场股权治理效果最佳。在我们拥有高度不
对称的信息，而这些信息不适用于标准会计和财务评估的情况下，
私募股权投资更为合适。在这些情况下，我们需要严密的管理和密
切的监督。下文将指出，一家典型的生物技术公司的特征与公开股
权治理的特性并不一致，因此需要额外的资金来源和管理方法。这
些额外的资金来源和管理方法来自专业知识市场。

专业知识市场和联盟

正如第 4 章所述，1979 年，基因泰克公司和礼来公司签订合作
研发和许可协议是一个分水岭事件。基因泰克公司向想要进入行业
的人尤其是风险投资人表明，知识产权可以独立于最终产品进行包
装和销售，知识产权是一种可以货币化的资产。这对这个行业来说

是一项极其重要的创新。风险投资人不可能为一家新兴的生物技术公司提供约 8 亿美元的资金（并等待 10 年），直到将一种药物推向市场。而且，除非公开股票市场正处于"泡沫周期"（就像 1999 年的美国股市），否则生物技术公司通常很难通过公开募股筹集到足够的资金来将自己的药物一直推进到市场售卖阶段。作为资金来源，联盟有多重要？肖恩·尼科尔森（Sean Nicholson）及其同事编制的数据显示，联盟贡献了 20 世纪 90 年代生物技术公司筹集的资金总额的 45%。[11] 在某些年份，联盟构成了最大的单一资金来源（例如 1998 年，联盟贡献的资金占生物技术公司融资的 77%）。

知识产权货币化需要生物技术公司和成熟企业之间的专业知识市场。生物技术专业知识市场如此活跃有几个原因。

第一，作为技术专家，生物技术公司缺乏发现、开发和销售自己的药物所需的整套科学、技术和商业技能。它们从更成熟的制药公司合作伙伴那里找到了它们想要获得的这些技能。

第二，如前所述，由于存在信息和体制障碍，制药公司在直接从大学获得技术许可方面或许处于劣势。因此，如果它们想要获得追赶尖端技术的机会，就需要求助于生物技术公司。从这个角度来看，生物技术公司的经济职能是消除基础科学研究和早期药物研发之间的隔阂。生物技术公司就像研发供应链上的中间人：它们在早期阶段将项目研发到某个阶段，然后将其许可（转售）给制药公司进行进一步开发。

第三，为了克服公开市场股权治理的一个主要的限制：信息不对称。如上所述，风险投资人凭借其严密的监控和治理能力，非常适合应对早期生物技术研发的高风险挑战。风险投资人对研发过程的洞察力是公众股东所没有的。然而，也有人指出，风险投资人的资金和投资期的限制促使生物技术公司在生命周期的早期就转向寻求公众股权投资。例如，1999—2001 年，只有 25% 的进行首次公开募股的生物技术公司拥有处于临床开发阶段的产品，其余生物技术公司的产品仍处于临床试验前阶段。[12] 到 2004 年，这一数字已跃升至 88%，但仍没有公司拥有已经在市场上销售的产品。事实上，目前所有上市的生物技术公司中，只有约 20% 的公司已经有产品推向市场，或者正在赚取由合作伙伴商业化的产品带来的专利许可使用费。因此，绝大多数上市生物技术公司本质上都是研发团体。

公众股票从未被设计用于应对管理研发团体的挑战。想想看估值的问题，现存的财务模型方法几乎没有作用：它们依赖于对历史盈利能力的分析。大多数生物技术公司尚未实现盈利（更别说拥有盈利历史了），而且距离他们最快研发出的产品上市销售还有几年的时间，而产品还面临着巨大的技术和商业不确定性，很难为生物技术公司构建出任何合理的估值模型。要评估一个研发项目，需要询问和项目本身有关的许多问题，这些问题与基础技术和科学成果的含金量、药物分子和相似分子的分布、项目团队的质量和经验、研发计划（如试验设计）以及可能的技术问题（如潜在的生产工艺困难）有关。现在，考虑一个事实，即研发项目是创造信息的引擎，其对所有这些问题以及更多问题的答案的最佳猜测都会定期更新。这不是一次性就能搞定的。

公司内部的管理人员知道这一点，因此他们创建了内部机制（例如进行研发审查、建立产品系列管理委员会）来使自己保持消息灵通。所有参与过该过程的人都可以证明，项目选择和产品系列管理是一门真正的艺术。你几乎很难得到需要的所有信息（如哪些项目应该推进，哪些项目应该中止，哪些项目值得投入更多或者更少的资源）以做出决定。此外，魔鬼在细节中。一项临床研究可能会出现异常情况（例如极少数患者遭受了意想不到的副作用）。实际上很难说这是一件大事，除非真正深入研究细节。即便如此，专家也可能有理由不同意。

上市公司有详细的财务信息披露规则，这些详细的规则包括某些交易如何进行会计核算和估值，以及某些有形资产如何进行估价，等等。然而，一般只要涉及无形资产，特别是涉及研发项目时，明确的标准要少得多。一般公认会计原则（Generally Accepted Accounting Principles，GAAP）通常不要求披露研发项目。即使在制药和生物技术行业，公司必须披露其研发管线状态的信息，披露的详细程度也因公司和项目而异。[13] 例如，公司可以自行决定提供多少详细信息，包括正在研发的产品的适应证、之前的临床试验结果和进展以及未来的研发计划。

投资人面临的另一个挑战就是解读公开的试验结果。假设一家公司宣布它刚刚完成了一种新型化合物的第 1 阶段临床试验，根据结果，决定将这款化合物推进到第 2 阶段。现在假设另一家研发类似化合物的公司宣布，在完成第 1 阶段试验后，它决定停止进一步的开发。通常，我们会认为前一家公司有好消息，后一家公司有坏消息。事实上，第一家公司的股票可能会上涨，而第二家公司的股票可能会下跌（如无意外情况发生）。但这种评价合理吗？

公司可能会对临床试验中从一个阶段到下一个阶段的药物设置非常不同的标准。除非有极端的结果（例如该药物被证明是有毒的），否则大部分推进药物研发过程的决定都是科学和经济判断的复杂结合。具体来说，一切都归结为风险。研发该药物的公司可能取得了相当平庸的结果，但它选择继续开发，因为它愿意承担更多风险，或者它的可替代发展项目的前景可能更渺茫。例如，它可能没有另一种药物要开发，因此终止进入第 1 阶段的项目将意味着关闭公司。这家公司可能因为推进一个最终前途值得怀疑的项目而获得了奖励，而且后期终止项目的成本显然更高。第二家公司可能因为"失败"而受到资本市场的惩罚，这可能是因为它为可接受的发展风险设定了更高的标准；它可能有其他几种处于研发早期阶段的备用化合物，因此在终止一个有问题的项目时，它会觉得更轻松。

这是一个有趣的隐喻，但这是否反映了现实？现存证据表明确实如此。伊兰·盖杰和大卫·沙尔夫斯泰因（David Scharfstein）在 2004 年对 235 个癌症药物研发项目的研究表明，不同规模和拥有不同财务资源的公司在将项目推进到临床试验的早期和中期阶段时会做出非常不同的决定。[14] 他们还发现，拥有较多现金的小公司（可能拥有替代项目的数量较少）将药物从第 1 阶段推向第 2 阶段的概率比拥有较少现金的公司高得多；然而这些公司在第 2 阶段失败的概率往往高得多。研究结果表明，拥有较多现金的公司往往在临床试验中对药物的推进做出更糟糕的决定（可能是由于投资人无法密切监控公司管理层）。

联盟的一个潜在关键作用是帮助消除这一信息差。如果公共投资人扮演的是不知情的"游客"，那么大型制药公司凭借其多年的经验和大批科学家，更像是"本地人"，其肯定对项目的技术和商业前景有更好的了解。当生物技术公司与更大、更成熟的公司达成交易时，其估值往往会增加，这表明某种验证效应正在发挥作用。如果默克公司、诺华公司或礼来公司愿意投资一家生物技术公司的项目，理论上这是该项目前景良好的信号。此外，虽然公共投资人可能无法监控研发项目的风险，并确保公司管理层的行为符合股东的最大利益，但大公司合作伙伴可能可以。我会在下面谈到这一点。

品评知识产权货币化体系

大学催生的公司、融资机制和专业知识市场共同构成了一个通过知识产权货币化实现创新的系统。这个系统有某种令人信服的逻辑。大学创造科学成果；具有丰富科学知识的高度积极的学术企业家通过组建新公司将科学成果带入商业领域，这个过程首先由风险投资人协助，然后由上市股票市场协助；最后，在药物研发和商业化方面拥有资本和能力的更多老牌公司通过市场与新进入行业的公司合作，获得将药物送到患者手中的专有技术。这些环节似乎很好地结合在了一起，并且整体具有一些吸引人的特点。这一过程中的最早期阶段和风险最大的阶段由企业家掌控；强有力的激励措施发挥着作用；由于不同类型的组织（大学、小公司、老牌公司）在这一过程中扮演着不同但互补的角色，因此存在专业化经济（economies of specialization）。事实上，这一系统似乎与在其他行业运作良好的系统相似。但还有更多的问题需要探讨：这一系统在这里真的有效吗？就有效地管理风险、实现必要的集成和促进长期学习的能力而言，这一系统的特点是什么？这些问题将在下文讨论。

风险

任何能有效管理风险的系统都必须具备 3 个特性。首先是创造多样的选择和进行试验的能力。在下注次数有限的情况下，很难分散风险。其次是产生和传播相关信息的能力。风险往往和不确定性有关，而不确定性从定义上来看意味着缺乏信息。管理风险的核心在于生成、获取并利用有价值的信息。如果没有生成或获取相关信息（例如关于项目是否可能成功的信息）的方法，你就无法做出风险管理决策（例如是终止投资还是继续投资）。而从财务角度来看，如果没有及时更新的有用信息，你就无法为风险定价。最后，你需要为那些承担风险的人提供适当的投资回报。除非得到充分的回报，否则你不会冒险。风险越大，你期待的回报就越多。

按照这些原则，生物技术创新系统与有效风险管理的要求相当一致。该系统显然在创造广泛多样的选择和试验方面做得很好——数以千计的新公司的诞生证明了这一点。金融结构，包括风险投资和公开股权市场为投资人分散风险提供了手段。风险投资人可以对公司投资组合进行小规模、分阶段的投资，公开市场的生物技术投资人同样可以通过持有公司投资组合来规避风险。此外，一个开放的公开股权市场为风险投资人和科学创业者提供了获得可观经济回报的机会。

专业知识市场为企业层面的风险分散提供了进一步的手段。一家财务资源有限的新兴生物技术公司可以通过与一家更大的公司合作来对冲风险。专业知识市场还允许通过把一个研发项目的不同治疗应用许可给不同的合作伙伴来"分摊风险。这样的做法在生物技术行业很常见，小公司保留某一药物的细分治疗市场（只需要少量销售人员），而将该药物的更大的治疗市场许可出去，在这样的市场中，大公司可以充分利用其销售资源。从大公司的角度来看，与新兴的公司联合研发的产品系列提供了一种对冲技术风险的机制。

因此，从创造广泛多样的试验和奖励企业家承担风险的角度来看，目前的系统似乎运作良好。然而，当涉及风险管理所需的信息流动时，我们应该更加谨慎。如上所述，联盟的一个理由是，它有助于纠正公共投资人和生物技术公司管理层之间可能存在的信息不对称的问题。关于这种逻辑在实践中有效和无效的证据是混杂的。大型制药公司通常会在他们缺乏专业知识的领域进行联盟，这是联盟的首要原因。然而，有许多例子表明，大型制药公司在联盟上大手笔花钱，却没有什么回报。相反，一些它们在早期阶段放弃许可的药物，最终成了一鸣惊人的黑马。即使联盟达成，研发合作伙伴和企业合作伙伴之间的信息流动也不总是畅通的。更何况，结构僵化的合同有可能让大型制药公司难以尽快终止联盟项目。伊兰·盖杰发现，有证据表明，与内部发起的项目相比，许可项目往往会在后期失败（即使已经考虑到获得许可项目的高整体失败率）。[15] 公司合作伙伴可能更了解情况，但不是完全了解情况。即使他们获取到信息，僵化的合同也可能会阻碍他们迅速采取行动。因此，虽然联盟肯定有助于减少信息不对称的问题，但如果认为这个问题会完全消失，那就太天真了。

已经有一些迹象表明，对于真正高风险的项目，现有的风险管理机制正在崩溃。在后基因组泡沫时期，初创企业的战略和风险投资人的偏好都发生了显著变化。创业者和风险投资人开始寻找风险更低、回报更快的模式，比如从其他公司获得现有项目和产品的许可，而不是组建所谓"从分子研发到市场销售"的完整链条公司，这些公司的第一个产品带来的收入可能在 10 ～ 15 年后才能获得。例如，2003 年下半年，23 家生物技术公司向美国证券交易委员会申请上市。其中，有 14 家公司的主打产品是在启动临床试验后获得许可的，另外 2 家公司的产品是在上市后获得许可的。[16] 许多新入行的人并未尝试发现新化合物，而是专注于改进现有化合物或研发新剂型。因此，尽管这个行业有着多种多样的试验正在进行，但这些试验的风险相较于传统情况中的风险可能更低。

整合

整合既和信息交换有关，也和决策与问题解决的协调有关。实现整合有两种基本模式。一种是由公司掌握必要的部分并通过其内部系统和流程进行整合。另一种是建立一个由独立专家组成的网络，他们通过市场机制（联盟、授权、合作等）进行整合。这两种模式能否很好地起作用，取决于具体情况。传统制药行业主要采用第一种模式，生物技术行业主要采用第二种模式。

新公司必须是专家，因为它们根本没有足够的资源来掌握全套技术。大多数新的生物技术公司是为了开发大学里特定的科学发现或研究成果而成立的。这种专注带来很多值得称道的好处。一个由高度敬业、高度积极的科学家组成的小团队，不受现有组织战略和流程的约束，聚焦于单一的关注点，似乎是能产生硕果累累的科学突破的理想途径。事实的确如此。但这种做事方式也意味着团队在无法得到其他科学家和组织的互补工具和能力的情况下独立工作。通过新公司的涌现，生物技术行业创造了由成百上千个专业知识孤岛组成的群岛。

为了实现整合，将这些专业知识孤岛和药物研发所需的互补能力连接起来，该行业严重地依赖于专业知识市场。联盟让生物技术公司能够获得将药物商业化所需的下游资源（如开发、制造、营销和分销等方面的资源）。专业知识市场是组织整合的基础，是整合必要的互补资源和能力的一种手段。这种整合模式——使用知识产权货币化和专业知识市场——在软件和半导体等行业非常有效。例如，有些半导体公司只是专注于创造和销售集成电路模块软核代码，这些代码由其他公司用于芯片设计，然后由另一家公司（通常是专业代工厂）进行芯片制造。在软件和半导体行业，专业知识市场就是整合机制。

仔细思考是有益的，就像软件和半导体行业那样，让专业知识市场能够提供必要的整合程度的条件是什么？

首先，它有助于推动带有明确定义的、编码的接口标准的模块化设计。模块化使得一个大问题可以被分解成一组准独立的子问题。通过明确定义子问题之间的接口标准，模块化降低了处理不同子问题的组织之间的沟通和协调成本。软件和半导体行业往往高度模块化。由于其模块化结构，遍布全球的数千名 Linux 程序员可以为 Linux 操作系统做出贡献。他们不需要彼此沟通，只要遵循有据可查的 Linux 协议和标准，他们的代码就会兼容。在软件行业，定义明确、被广泛接受的平台（如微软操作系统）提供了一种机制，这种机制可以整合形形色色的专家的工作。

其次，拥有能够以编码形式（例如蓝图、代码行）进行通信和传输的技术。软件是完全编码的（尽管用于开发软件的专业知识不是）。半导体设计现在几乎完全通过计算机生成，并且遵循严格的规范和标准。一旦技术可以以数字形式编码，它就可以以微不足道的成本在世界各地传播。这使得来自世界各地的开发人员能够以相对较低的成本进行协作并转让他们的知识产权。

生物技术行业与半导体行业和软件行业有很大不同。药物探索的各个方面通常并不是模块化的，而是由一组相互依存的问题组成（见第 2 章和第 3 章）。靶点、分子结构及其物理性质、剂型、制造过程、剂量和患者群体之间的微妙作用可以深刻影响药物的效力。通常很难在不探索其他参数含义的情况下锁定药物特性的任何一个参数。这个过程仍然是反复和混乱的。此外，生物技术行业实际上没有等同于标准平台（例如操作系统）的东西。例如不可能宣布任何想与诺华合作的公司都需要开发具有某种物理特性的药物。该行业的每个项目都是独一无二的。

尽管生物信息学和计算机辅助药物研发在生物技术行业的应用越来越多，但生物技术仍然包含着一个非常隐蔽的维度，这一事实使跨公司的整合更加复杂。关于药物靶点、分子特征或药物在人体内的作用方式，已知的信息不能完全被规范化或简化为明确的规则（例如，如果条件 X 成立，则结果 Y 发生）。实验数据往往需要高度的解释，并且不同的人可能会有不同的看法。一位研究者认为的潜在药效的强烈信号可能会让另一位研究者停下脚步，这取决于他们所受教育和所获经验的个体特殊性。换一种说法，尽管科学取得了进步，但仍有一门依赖于判断、直觉和经验的药物研发"艺术"。因此，分享经验可能产生重大影响。Linux 程序员几乎从来不需要见面，更不用说与 Linux 社区的其他成员交谈了，参与药物研发的科学家则从集体经验或"团队学习"中受益。

另一个阻碍生物技术信息流动的潜在因素是对知识产权保护的担忧。任何商品的市场都需要明确界定受到良好保护的产权。如果我们无法明确房屋的产权情况，会犹豫是否要购买房屋——这就是我们会进行产权调查和购买产权保险的原因。当涉及知识产权时，保护的重要性尤为重要，因为知识一旦被曝光，就无法收回，这与房屋等实物商品不同。因此，购买知识产权的行为本身就会使出售者处于危险之中。正在进行的开发项目会创造新的知识产权，而专有信息则需要不断地进行共享。

软件和半导体行业的强大知识产权保护机制为专业知识市场提供了支持。当然，专利争议无处不在。就连曾经的合作伙伴也因涉嫌侵犯知识产权而相互起诉（例如苹果与微软）。有所区别的是，一段软件代码是一个相当独特的存在物，受法律保护，并且可以相对容易地检测到作弊行为，在大多数半导体的领域内也是如此，而在生物技术行业，知识产权制度更加复杂和模糊，人们通常不清楚什么是可获得专利的，什么是不可获得专利的。同时，任何给定的知识产权都包含可获得专利的要素，而其他要素则不可获得专利。此外，最有价值的知识产权通常不是某一个分子，而是关于该分子的行为、用途、潜在问题以及关于它大概能如何开发的理解和数据。这类知识通常更难获得专利，但需要在合作之前和合作期间共享。

模糊的知识产权为整合带来了两个可能存在的问题。一是信息流动的事前限制，二是事后合同纠纷。第一个问题虽然难以洞察，却是大多数涉及技术的合作中普遍存在的一个方面。对专有资料的敏感阻碍了对产品成功至关重要的信息的共享。这种敏感之所以存在，是因为第二个问题真实存在和潜在的可能性。这些都是显而易见的，对牵涉其中的各方来说往往代价高昂。在生物技术行业，有许多前合作伙伴或合作者因知识产权纠纷相互起诉的例子。事实上，基因泰克公司和礼来公司最初的重组胰岛素交易在很多方面成了该行业的一个模板，但二者最终却陷入了一场关于人类生长激素权利的法律纠纷。安进公司和强生（Johnson & Johnson，J&J）公司共同开发了促红细胞生成素，但最终在营销权分配问题上陷入了严重的法律纠纷。几年后，当安进公司开发出新版本的促红细胞生成素——聚乙二醇化促红细胞生成素（pegasolated EPO，PEG-EPO）时，两家公司再次就 PEG-EPO 是一种全新的产品还是仅仅是对原始版本的改进（因此受原始许可协议的约束）产生法律纠纷。波士顿科学（Boston Scientific）公司在爱尔兰建立了自己的制造工厂，生产一种据称侵犯了美帝诺（Medinol）专利的支架，随后被其曾经的制造合作伙伴美帝诺告上法庭。[17] 这只是几个非常典型的例子，但它们说明了在知识产权边界没有明确规定的情况下合作的现实。

因此，虽然从纸面上看，专业知识市场在专业知识孤岛上架起了许多桥梁，但事实并非如此。生物技术行业与软件和半导体行业不同。它不是模块化的，无法用编码进行很好的表达，知识产权问题往往限制关键信息的流动。在这种情况下，真正的整合是极其罕见的。

学习

在行业层面，学习可以通过 3 个渠道进行。第一个渠道是熊彼特式的"创造性破坏"（creative destruction）过程，由新入行的人们将新知识、技能和技术带入行业。竞争过程使优势技术排挤劣势技术。这一过程的例子包括新的半导体公司取代真空管生产商、个人计算机制造商（如戴尔）取代小型计算机制造商（如 DEC①），以及小型钢厂取代综合钢厂。第二个渠道是模仿，企业可以通过模仿他人来学习。第三个渠道是从自己的经验中学习。

所有这 3 个渠道可以在一个行业中同时适用，而且其实它们经常相辅相成。然而，每个渠道适合的知识和技术的种类往往不同。例如，熊彼特式的"创造性破坏"往往涉及与现有能力完全不同的技术和技能，并且这些技术和技能是可以独立存在的。在之前的研究中，我和我的合作者发现，能相对较好地用编码表达的知识往往是通过模仿获得的，而相对隐性的知识必须通过经验来获得。[18]因此，行业中的学习模式很重要，因为它会影响到知识类型的发展倾向。

由于人们进入行业的速度和新公司的创建速度都很快，生物技术行业乍一看很像是熊彼特式的创造性破坏的经典案例：新入行的公司成了新的科学浪潮的载体，每一波浪潮都带着期待，至少是来自观察家们的期待，期待新入行者能够取代现有制药公司成为主导者。然而，除了基因泰克公司和安进公司之外，很难说这一愿景已经成为现实。尽管大型制药公司举步维艰，但生物技术公司并没有取代它们。这并不是说生物技术公司没有成为新知识、技能和技术

---

① 美国数字设备公司，全称 Digital Equipment Corporation，是 20 世纪 90 年代仅次于 IBM 的大型计算机生产公司。——译者注

的载体。它们一直都是这样的载体，但它们未能取代大型制药公司，因为它们通常缺乏关键的下游互补知识和能力（临床试验专业知识、监管知识、分销能力）以及独立进入市场所需的财务资源。

在生物技术行业模仿学习受到多种因素的推动。其中一种是组建新公司。回想第 4 章中的论据，进入行业的新技术往往是一波接一波——组合化学公司不是仅仅有一小撮，而是有 50 多家。部分原因是基础科学知识通过会议和出版物传播，但也归因于风险投资人的行为。随着投资人对某些类型的技术的兴趣发生变化，公众股权资本市场也会跟风。最后，专业知识市场的存在几乎不可避免地导致了一定程度的模仿，因为公司在推广自身技术的同时，也在合作中学习。

促进模仿学习的相同因素实际上可能会阻碍企业层面的经验学习。公司成立率高意味着该行业有许多缺乏经验的公司。典型的生物技术行业的初创公司只会缺乏基因泰克公司拥有的能力，而基因泰克公司已经积累了半个世纪的研发经验。此外，由于新公司的财务资源有限，它们根本无法通过经验学习。如果它们失败了，它们就完蛋了。生物技术公司面临的压力是第一次必须成功（如果它们成功了，而且赢面足够大，它们将拥有足够的缓冲时间来学习）。多元化的投资人没必要等待任何一家生物技术公司完善其工艺。鉴于风险投资人只关心 3 年内的变现，他们没有动力去推广组织层面的学习。最后，专业知识市场也可能阻碍经验学习。生物技术行业的研发联盟平均持续时间不到 4 年（约为预期产品研发周期的 1/3）。合作伙伴感兴趣的是生物技术公司迎来下一个里程碑，而不想做能力的长期建设。如果生物技术公司无法迎来其下一个里程碑，合作伙伴可以轻松选择终止关系。

也有例外——成熟的生物技术公司，如基因泰克公司、安进公司、健赞公司和渤健公司。当然，现有的大型制药公司也有从经验中学习的动机，然而它们也面临着资本市场的压力，无论它们学到了多少，都会因失败而受到惩罚。可是，生物技术行业的大部分公司不曾有组织地从经验中学习。这意味着，做好研发工作所需的许多隐性技术和组织知识并没有在行业内沉淀。我们不应惊讶于新公司在许多方面不如具有多年经验的公司。我们也不应感到惊讶的是，一个持续催生新公司的行业——随着时间的推移，该行业公司的平均年龄将相对稳定——却遇到了生产效率低的问题。我们拥有的是一个本质上始终处于技术发展前沿的行业。

总结

新企业的大量涌现、私人和公众股权融资的可用性以及专门知识市场的建立，构成了一个强大的创新体系。这一体系在其他高科技行业中运行得非常好。但是，生物技术行业往往缺乏能用编码表达的技术、模块化的设计和标准化的平台以及明确界定的知识产权等使行业良好运作的条件。作为这种创新体系的结果，生物技术行业形成了一种特定的组织结构——小型专业公司通过联盟等方式进行整合——这种组织结构在某些方面表现优异（如促成大量实验、鼓励冒险精神、通过模仿学习），但在其他方面（如整合、从经验中学习）存在不足。第 7 章和第 8 章将从组织战略、商业模式、配套制度和政策方面探讨上述分析的影响。

第三部分

科学型企业

第 7 章

组织战略和商业模式

第 8 章

出路

SCIENCE BUSINESS

THE PROMISE,
THE REALITY,
AND THE FUTURE OF BIOTECH

第 7 章

组织战略和商业模式

前面的章节基本上已经确认了问题所在：生物技术的科学前景和商业前景受到了企业结构和运营方式的阻碍。尽管技术的有效发展和应用需要整合，但生物技术行业的商业运作主要依赖于专业化和细分领域的发展；尽管科学的不确定性和创新性要求快速传播"高保真"信息，但生物技术公司的商业策略往往阻碍了信息流动；尽管科学需要长期的累积学习，但生物技术公司面临市场压力，必须优先考虑短期内的价值表现。在一定程度上，这些问题是政府政策、资本市场运作和监管法规等外部条件造成的。然而，问题的根源也在于生物技术行业和大型制药公司自身的行为和策略。本章和下一章将分别从公司层面的战略视角和更宽泛的制度环境视角探讨可能的解决方案。

本章将重点介绍生物技术公司和老牌制药公司为提高业绩而可能采取的组织战略和商业模式。这些公司所处的不完美且常常混乱的环境被视为一个既定的环境，出于讨论的目的，本书不会假设在可预见的未来会发生巨大变化。投资人会变幻无常，有时甚至是非理性的。学术企业家将继续受到激励去创办自己的公司，无论这种策略是否合理。风险投资人仍会觉得有必要让公司尽早上市。公众股票市场将继续以其固有的特性运作，包括各种优点和局限。市场可能会出现泡沫，当然也可能会出现萧条。这些事情中的任何一个是好的、坏的、低效的、高效的都没有实际意义：这是现代公司，包括生物技术公司和大型制药公司，都要面对的世界。但是，如果我们的目标是既要让生物技术行业在经济上健康发展，又要让它改变医疗领域的愿景成真，那么什么样的组织战略和商业模式才是可行和可取的呢？

一些注意事项。本章侧重于实践。管理者和公司应该做些什么来提高业绩？这个问题没有简单的答案，也没有任何人（包括这位作者）有非常好的数据来证明哪些实践比其他实践更有效。这些数据根本无法获得，因为生物技术行业尚处于在其生命周期的早期阶段，我们无法观察到稳定的能获得卓越业绩的模式。相反，如果对汽车行业进行研究，数据显示，在很长一段时间内，丰田已经发展出比许多其他汽车公司更好的研发和制造能力。可以肯定地得出结论，英特尔公司和微软公司一直在做正确的事情，它们在产品研发和盈利能力方面的表现在许多代产品中都一直保持不变。

相比之下，对于生物技术而言，我们从具体公司案例中得出推论的能力受限于相对较短的时间窗口、药物研发的高度随机性和"赢家"的稀少。药物研发是一种低概率博弈，成功回报率极低。安进公司显然是一家非常成功的企业，它一度成为市值最高的生物技术公司。这就能说明安进公司的战略是正确的吗？虽然很难与胜利者争辩，但如果 EPO 在临床试验中失败了，或者安进公司在与竞争对手遗传学研究所（Genetics Institute）的关键专利纠纷中没有成功，今天的安进公司将大不相同。而遗传学研究所在败诉后被惠氏制药（Wyeth Pharmaceuticals）公司收购。这并不是说一些公司不比其他公司更有能力或拥有"更好"的战略，而是竞争的次数过少，且随机性太强，一些短期运气（好的和坏的）促使人们很难从具体的公司案例中找出真正的最佳做法。

在不同的成功的生物技术公司中，其战略也存在重大差异。安进公司通过几种重磅药物的成功商业化取得了成功，基因泰克公司专注于较小的市场（如靶向癌症治疗），健赞公司专注于治疗罕见疾病的药物。现存模式提供了线索，但不一定是答案。

本章接下来分为 3 个部分讲解。第一部分重点关注新兴生物技术公司面临的关键战略问题，特别是垂直整合和组织边界问题。第二部分是对类似问题的探讨，但是是从更大、更成熟的制药公司的角度来看的。最后一部分讨论联盟和替代组织模型。

生物技术公司：战略原则、商业模式和组织边界

由于本节的目的是提供一些关于战略的指导，因此有理由从目标开始探讨。生物技术行业的成功意味着什么？让我们首先强调它不意味着什么。作为一家成功的生物技术公司，要实现目标，显然需要获得资金，但筹集资金本身不应该是目的。这在许多行业都毫无异议，但这似乎与生物技术行业本身的普遍观点相矛盾。在任何一次生物技术行业会议上，在任何一家主要的生物技术新闻媒体上，行业的健康状况都与筹集的资金密切相关。生物技术的"大年"意味着融资充足，IPO 市场火爆。再次强调，融资对生物技术行业非常重要。资金是这个行业的生命线。没有资金，在这个行业里什么

都做不了。然而，资金是一种投入，而不是产出。风险投资轮、首次公开募股或二次发售都是融资事件。它们不是业绩的衡量标准，也不是成功的标志。它们可能是其他人如何看待公司或行业未来成功前景的标志，但它们并不等于成功。筹集大量资金是一把双刃剑。这意味着一些人（投资人）认为你很有前途。现在你必须不辜负这些期望。筹集资金就像获得波士顿马拉松比赛的官方参赛号。这可能很难做到，你需要获得资格，但这只会让你参与比赛。除此之外，你还得跑 26.2 英里（1 英里 ≈ 1609 米）！

有一个关于生物技术的误解和商业发展交易有关：联盟、许可协议、合作伙伴关系等。在生物技术行业，联盟是一个极其重要的战略工具。然而，它并不是终点，但业界普遍存在的知识产权变现思维常常掩盖了这一点。做大量交易的公司被认为是成功的。从占总劳动力的百分比来看，生物技术行业可能比任何其他行业拥有更多的人参与商业研发（生物技术行业几乎是每美元回报率最高的行业）。但是，和融资一样，达成交易意味着有潜力，最终能否创造价值还要看项目的执行情况。单靠交易永远无法创造价值。它们只能（如果结构合理）解锁存在的价值并使获取价值成为可能。交易和交易结构对单个公司的成功和行业的发展极为重要，但交易是一种手段，而不是目的。重要的是一家公司或一个行业如何有效地利用其筹集的资金，更具体地说，如何在其商业活动中创造真正的价值。最终，价值创造和获取才是最重要的。

或许打破只知道融资和交易的知识产权变现思维，有助于让生物技术行业表现得更好。然而，出色的表现需要的不仅仅是心态的改变，还需要制定和实施适当的价值创造战略。生物技术公司（和大型制药公司）面临的一个基本战略问题与垂直整合和组织边界有关。对于新兴的生物技术公司，问题通常集中在公司应在多大程度上将下游纵向整合到后期开发、制造，甚至营销中。本质上，这个提问直击问题的核心：什么是生物技术公司？

垂直整合和组织边界

想想一家生物技术公司所面临的战略问题。该公司研发了一种它认为可以治疗某些癌症的分子，它已经进行了初步的实验室研究，但尚未开始进行临床试验，它应该将技术出售给另一家公司，还是应该继续投资项目本身？如果该公司继续发展，它应该自己规划生产和销售该药物还是寻找合作伙伴？它应该与合作伙伴建立什么样的关系？从表面上看，财务本身可能被视为决定因素：它负担得起自己研发项目吗？它负担得起药物本身的生产和销售吗？事实上，许多生物技术公司的纵向整合战略是通过融资来推动的。当生物技术股票市场良好，生物技术公司可以筹集资金时，它们会尝试纵向整合；当情况紧张时，它们会寻找合作伙伴。显然，能够获得的融资对小公司可以采取的战略构成了巨大的制约。无论如何，筹集资金不应该是战略选择的唯一驱动力，因为一家公司负担得起做一件事，并不意味着它应该做这件事。

垂直有时在经济上是合理的，但有时并非如此。除了生物技术公司，还有许多公司通过控制上游知识产权并将其授权给其他公司（以获得可观的回报）取得了相当不错的成绩。例如，微软通过将其 Windows 操作系统授权给计算机公司而不是垂直集成到计算机硬件本身获得了可观的利润。"明星"图书的作者或出版商也遵循类似的策略。他们通过授权他人（出版商、唱片公司等）出版和发行他们的作品，从他们的知识产权中获得了可观的回报。斯蒂芬·金（Stephen King）这样的作家或麦当娜这样的艺人不需要拥有自己的图书公司或唱片公司，就可以通过他们的作品获得可观的回报。他们和微软一样，都在利用知识产权市场。

相反的观点认为，生物技术公司永远不应该垂直整合，而应该"坚守本业"。也就是说，它们应该专注于自己的核心研发能力，并通过许可（与微软的做法大致相同）来获取知识产权的租金。这种观点的支持者倾向于将垂直整合视为组织创新的过时模式。相反，他们设想的是由高度专业化的公司（小公司从事研究，大公司专注于下游）组成网络，通过市场共同获取专业知识。

这个问题并非只是简单选择最佳策略，根据具体情境和条件，垂直整合和许可都可以是很好的策略。就生物技术行业而言，问题取决于专业知识市场的运作情况。当专业知识市场运作良好时（例如在软件领域），许可策略对拥有稀缺且价值高的知识产权的参与者来说非常有效且非常有利可图。这样的策略还会促进创新。当存在损害专业知识市场的条件时，参与者需要采取纵向整合战略来克服创新的关键障碍。当然，我们需要记住，在垂直整合和外部许可之间的选择实际上是连续统一的，存在许多中间状态的管理形式，如联盟和长期合作。

专业知识市场失效的情况

过去几十年的研究表明，在确定专业知识市场是否有效时，需要考虑 4 个基本因素：①信息不对称；②专业资产；③隐性知识；

④知识产权保护。[1]下面简要说明其中的每一项。

信息不对称。信息不对称是指卖方（许可方）和买方（准被许可方）可获得的信息的差异，差异越大，双方就越难在价值等问题上达成一致。专利信息或隐性信息会给信息交流造成障碍。信息不对称有助于解释生物技术行业中一个相当普遍但又有些矛盾的现象。新兴的生物技术公司经常抱怨大型制药公司低估了它们的技术，而后者则抱怨它们为前景不佳的技术付出的代价太高。买方和卖方都不高兴，因为它们的期望基于完全不同的信息。高度的信息不对称为通过专业知识市场进行创新制造了障碍。

专业资产。一项资产一旦产生，就不能轻易改变其用途，这种资产被称为专业资产。例如，显示某一种特定的药物如何运作的临床试验数据对于想要推销这种药物的公司来说是一笔非常宝贵的资产，但对另一家无权销售这种药物的公司而言可能价值甚微。专业资产在市场中会产生问题，是因为它们产生了一种被称为"锁定"的效应。一家公司一旦对专业资产进行投资，摆脱这种投资关系的成本就会增加，这导致其事后议价能力被严重削弱。需要进行高度专业化的投资，这为通过技术市场进行创新制造了障碍。

隐性知识。隐性知识是指拥有知识的人无法充分表达或描述的知识。组织和个人一样，也可以拥有隐性知识。基于隐性知识的组织技能和能力是不可完全重复的，而且很难跨越组织边界进行转移。例如，即使宝马愿意，它也可能无法将其设计技能和能力转移给另一个组织，因为其中许多技能都是隐性的。隐性知识很难转移，[2]因此它增加了专业知识市场的合作成本，并阻碍了通过企业之间的关系进行的创新。

知识产权保护。知识产权使市场得以运作。没有人会购买他们无法确定拥有的东西。当知识不能得到法律保护时，就很难转化。买方显然在冒险，但卖方可能也是。交易专业知识有无偿被模仿的风险（尽管有保密协议）。此外，当相关技术的界限不明确时，这个过程就会变得极其复杂。卖方可能期望他们出售的是一种东西（范围狭窄），而买方期望购买的是另一种东西（通常范围更广）。脆弱的知识产权保护阻碍了通过专业知识市场进行的创新。

生物技术公司的战略的含义和应用

了解以上 4 个基本因素有助于了解专业知识市场何时更有可能生效，从而可以通过许可实现知识产权货币化，同时可以了解何时应该让公司垂直整合。在生物技术和制药领域，我们涉及的技术和项目非常广泛，覆盖了这 4 个因素的全部范围。也就是说，对于不同种类的技术创新，适合采取的商业模式不同。在生物技术领域，主要包含 4 种技术创新：①新的研究方法和工具（例如高通量筛选、组合化学、基因组学、基于结构的药物设计）的发明；②新的作用机制或靶点的识别（如血管生成、RNA 干扰）；③创造新的化合物类型（如重组 DNA、单克隆抗体）；④开发新的治疗方式和治疗市场（如基因治疗、个性化癌症疫苗、治疗罕见遗传性疾病的药物）。这些类别中也存在着广泛的差异，因此我们在理解时需要谨慎。然而，基于这一分类框架，在每一种创新中，似乎都存在大不相同的商业模式。

新的研究方法和工具的发明。 如第 1 章所述，生物技术创新的很大一部分涉及开发新的方法、工具和过程，这些方法、工具和过程有助于确定潜在药物或探索疾病的分子基础（确定靶点）。这类创新涉及高通量筛选、组合化学、基于结构的药物设计、基因组学、生物信息学和系统生物学等技术。让我们以一家公司的商业模式为例，这家公司试图将此类创新商业化。这家公司的第一种策略很简单，就是将技术的使用权许可出去，以供那些制药公司在自己的药物研发过程中使用。第二种策略是使用技术，但售卖使用技术获得的产出（例如分子、基因靶点、信息等），也就是销售药物研发的服务。第三种策略是将业务拓展至药物研发和商业化领域，即使用相关技术研发具有专利的分子。

我们的理论框架指出了第一种策略隐含的有关问题和风险。第一，在某种程度上，这类技术的创新程度很高，可能很难让潜在许可买家相信它的价值（信息不对称）。几乎所有生命科学的新研究方法最初迎来的都是质疑。人们如果没有实际使用过一项技术，就很难验证和确信它的价值。第二，这类技术的应用很可能需要投资专有知识和专有设备。这些投资提升了许可买家的风险，因为它们无法另作他用。第三，由于新技术的许多方面通常都是通过文字来描述的，所以通常还需要一定的实践经验才能完全精通。一项技术所包含的隐性知识越多，将技术转移给许可买家的难度就越大。显然，无法掌握这类技术的许可买家不会赋予该技术等同于其发明者所认为的价值。最后，如果这类新技术的知识产权不够"密不透风"，技术发明者会面临风险：与有意向的许可买家交易意味着需要解释技术的一些细节，因此存在技术被模仿的风险。

第二种商业模式是成为一家服务公司。在这样的模式下，公司售卖基于某种技术的服务或者售卖嵌入某种技术的工具、系统、仪器或者软件。在这样的模式下，不需要在使用前说服许可买家，让买家相信技术的价值。技术发明人承担了技术价值的所有风险。如果最终该技术如承诺的一般富有成效，技术发明人可以从服务费或者技术产生的收益中获利。比起售卖技术，售卖服务的模式有一个优点。购买服务的客户无须再投资使用该技术所需的知识和设备。假设有一家购买了组合化学服务的公司。它本质上购买的是药物分子。这些买来的药物分子和公司内部研发的药物分子实际上没有区别，因此公司完全有现成的基础设施来利用它们。这种情况对其他技术而言大概也是一样的，例如基因组学。对于这类技术的产物（药物分子、靶点、信息），药物公司不用为此再做任何专用的投资就能直接化为己用。同样，在这样的模式下，技术的细枝末节对客户而言不再是问题。他们不再需要学习如何使用技术，只需要为结果付费。最后，由于知识产权停留在创新者内部，其被无意中外泄和被模仿的风险大大降低了。

20 世纪 90 年代末，在基因组学繁荣时期，许多"平台"技术公司采用了这种模式。然而，很多采取平台服务商业模式的公司（千禧、塞莱拉、人类基因组科技、因赛特等）放弃了这种战略，转而向下游垂直整合到专有分子的研发中。上述框架会质疑这些公司采取这一策略的根本原因。垂直整合能否克服与技术价值有关的信息不对称问题？如果技术的输出质量存在问题，例如靶点是否有效、这些药物分子是否有前途，以及这些信息是否有价值，那么答案是肯定的。然而，垂直整合不太可能解决其他问题，如专业设备、隐性知识、知识产权等方面的问题。服务公司的模式可能足以解决这些问题。因此，基于某种平台技术进行垂直整合可能是不必要的。事实上，考虑到公司很可能缺乏开展研发药物的下游活动（如制剂、监管等）的经验和能力，这种策略可能并不是最佳选择。

但是请注意，提供服务与开展制药业务相比，其风险和回报完全不同。一家公司（如昂飞）如果采用服务或工具模型，可能会非常有利，但不太可能得到像成功开发药物的公司那样的巨额回报。许多平台公司在 20 世纪 90 年代末所面临的可能并不是商业模式本身的问题，而是基因组学泡沫创造了不切实际的估值，而服务或工具模型无法维持这种估值。

新的作用机制或靶点的识别。生物技术的另一类创新涉及确定新的疾病靶点或者特定疾病的作用机制。研究血管再生术在癌症中的潜在作用就是这类创新的一个例子。这样的例子还有很多，随着人体基因组计划揭示了大量新的基因家族和与之关联的蛋白质靶点，人们怀疑这些靶点在许多疾病中会发挥作用。有许多小型生物技术公司专门研究特定靶点或疾病机制（例如 EntreMed 公司[①] 专注于血管再生术）。这类公司的正确商业模式是什么？

此处的框架突出几个关键的问题。首先，知识产权不太可能完全基于某一机制，甚至是一整类靶点。通常，靶点发现的前置研究信息都是公开发表的，因此这一领域的知识产权主要涉及科学专业知识，以及对该机制如何运作及其细微差别的了解。这随即带来了信息不对称的问题，并且很可能造成与隐性知识转移相关的问题。因此，一家专门针对某个创新机制或靶点的公司不太可能简单地把知识许可给别的公司；相反，它可能需要利用这些知识来研发药物。然后，问题就变成了公司是否有必要一直垂直整合到下游的药物的临床试验、生产和营销中。这个问题部分取决于药物和市场的特征。如果这家公司研发的是一种针对成熟治疗市场（如降低胆固醇）的

---

① 该公司成立于 1991 年，2014 年更名为凯信远达医疗（CASI Pharmaceuticals）。——译者注

化学合成药物，则其完全垂直整合的理由是不充分的。在这种情况下，成熟的参与者很可能已经具备开发和商业化药物所需的专业知识和后续资产。他们不用面临投资专业资产的风险，而且如果他们拥有专业知识，他们的信息不对称优势相对较小。同时，如果创新者能为其分子获得知识产权保护，那么它将得到相应的保护。

如果设计恰当的临床试验需要对作用机制有深入的了解，并且临床试验产生的信息进一步深化了对相关生物学的理解，那么隐性知识可能成为一个关键问题。这表明需要更紧密、更长期的合作，而不是简单的非介入性许可或开发协议。这样的合作让创新者和开发人员能够随着时间学习机制、基础生物学、合适的分子靶点和临床试验设计。然而，如果没有长期保证，任何一方都不可能愿意分享相关知识。是否需要全面的垂直整合？或许是的，但更有效的解决方案可能还是建立一种长期的合作关系，为双方提供分享知识的动机，而不用承担被抛弃的风险。

创造新的化合物类型，开发新的治疗方式和治疗市场。生物技术的第 3 和第 4 类创新涉及化合物的发明、新的治疗方式以及全新的治疗市场的开发。与上述其他类型的创新一样，这类创新也涉及潜在的信息不对称和隐性知识。但由于它们通常还需要对专门的下游资产进行大量投资，因此它们带来了其他类别的创新中很罕见的战略风险。

考虑重组 DNA 的案例，全面垂直整合策略可能是将其商业化的最合理方式。（类似的条件也适用于单克隆抗体和其他新的治疗方式，如个性化疫苗。）在 20 世纪 80 年代初，重组 DNA 是一项全新的技术。由学术界组成的第一代生物技术公司对这项技术有着深刻的理解，而这是老牌制药公司所缺乏的。这很快造成了信息不对称的情况。这种新的药物研究方向有多大价值？回想一下，当时有很多抱有怀疑态度的人，尤其是在大多数老牌制药公司的科学团队中，他们深受药物化学传统的影响。此外，重组 DNA 需要投资专门的生产设施，以便进行发酵或细胞培养，这与合成化学制造有很大不同。而且，由于重组 DNA 工艺流程针对的产品具有高度的特异性，因此这些投资不仅仅是针对特定技术的，还是针对特定项目的。

重组 DNA 的创新性还造成了两个问题。其一，在最初阶段，这项技术与其说是科学，不如说还停留在艺术的阶段。当时甚至不存在很好的分析技术来表征通过重组 DNA 创造的大的蛋白质分子，在生产工艺的研发过程中尤其如此，这就导致重组 DNA 技术中隐性知识的占比非常高。源自重组 DNA 的分子在合作伙伴之间的转移充满了挑战。其二，知识产权的问题非常不清楚。通过基因工程改造的微生物能获得专利吗？源自重组 DNA 的天然蛋白质能获得专利吗？给定蛋白质的所有变体都能获得专利吗？还是只有克隆的特定版本可以获得专利？这些是生物技术行业的先驱们面临的一些问题。弄清楚答案意味着在没有强有力的知识产权保护的情况下，将知识产权暴露给准合作伙伴和实际的合作者。

这些阻碍都没有阻止合作。事实上，合作的情况很多，正如第 4 章所提到的。但从某种意义上讲，合作是次优策略。伴随合作而来的是风险，不仅仅对于售卖技术的生物技术公司是这样，对于市场中作为甲方的大制药公司也是如此。合作者之间的争议并不罕见，最著名的可能是安进公司和强生公司之间关于促红细胞生成素的市场权分配和知识产权所有权的争议。我们的理论体系也有助于理解为什么礼来公司这样的公司会成为生物技术合作的先行者。在本质上，由于它在生物制品生产（猪源胰岛素和自然培养的人类生长激素）方面拥有多年经验，并且已经拥有许多必要的下游生产和临床研发的专业知识，因此其合作的交易风险较低；而且因为胰岛素已经有了一个现成的市场，所以它涉及的技术和商业风险也较低。需要注意到，有趣的是，一旦生物技术公司开始投资用于创新治疗的重组 DNA 产品，老牌制药公司在这些药物的商业化中发挥的作用就不那么突出了。

在一个不完善且效率低下的专业知识市场中，垂直整合或许能降低运营风险，但垂直整合也会带来其他风险。考虑到为支持下游资产（如生产设备等）所需的投资，实施多样化的研发组合战略更加困难。事实上，采纳自主研发模式的新兴公司被迫采取要么全有要么全无的策略。如果它们第一次尝试自己将药物推向市场就取得了成功，它们可以过得相当滋润（如基因泰克公司）；但是如果失败了，它们可能会发现自己陷入了药物研发管线干涸的灾难境地（如 Cetus）。显然，鉴于药物研发成功的可能性很低，后者出现的可能性比前者要大，除非一家公司能够承载足够的研发项目来对冲风险，而除非该公司面对着非常慷慨的资本市场或者已经拥有丰沛的现金流，否则这是不可能的。矛盾的是，如果垂直整合的原因和技术的创新性有关，那么比起初创公司，已经经过垂直整合或者现金流充沛（来自许可费用）的现成公司很可能更适合追求最新的技术。

对老牌制药公司可能造成的影响

本书的大部分内容关注的是生物技术公司面临的考验和挑战。

然而，正如开篇所指出的，传统制药公司（包括辉瑞、葛兰素、默克、诺华、礼来等公司）显然是生物技术世界的一部分，并且面临着自身的挑战。在第一次世界大战后的大部分时间里，无论以什么业绩指标（股票回报率、销售回报率等）衡量，制药行业一直是美国经济中利润最高的行业。这种优异的业绩基于4个结构支柱：①可以收取相对较高的价格；②较长的产品生命周期；③"伟大的轰动性"药物；④相对较高的研发效率水平。这些支柱的作用在过去10年中已被显著削弱，并且很可能在未来几年继续如此。

从历史上看，制药公司（在美国）在一种环境中运营，其中分散的采购方和较少的政治干预共同赋予了它们在定价上极大的灵活性。这种情况自20世纪80年代开始转变，随着管理式医疗组织的增长，它们将药品福利纳入健康保险。此外，随着药品定价问题逐渐成为政治焦点，制药行业承受的压力日益增加。随着向老年人提供药物的成本成为一个重大的财政议题，《联邦医疗保险药品福利法》只会使这些压力增加。不仅如此，暗中潜伏的问题不仅仅是政府政策，像通用汽车这样的大型私营公司，因其员工（和退休人员）健康福利计划而承受财务压力，正在积极寻求降低药品开支的方法。私营部门的压力可能会比政府压力更大（并且可能更有效）。随着未来几年内有创纪录数量的药物的专利权到期，实现重大价格让步的可能性将急剧增加。

在历史上，制药公司拥有较长的产品生命周期。新药上市后，创新者通常会占据市场多年，有时甚至超过10年。强大的专利保护和基础知识传播的局限共同形成了强大的保护壁垒。现在，基础知识几乎立即就能传遍全球。很少有公司可以在某个治疗领域主导科学进展。科学和商业"热点"领域（如癌症、糖尿病、肥胖症、抑郁症）吸引了大批竞争者。任何给定的产品类别都可能有数十种正在开发的竞品。因为其中许多产品使用的是不同的技术或者是相同技术的不同版本，任何一个参与者都不可能创造基于专利的进入壁垒，所以独占期可能非常短。更糟糕的是，一种新推出的药物很容易在专利权到期之前就被另一种新药淘汰。

重磅药物（其中许多已成为家喻户晓的药物公司）推动了制药行业的增长。开发和商业化一种销售收入为 5 亿美元的药物的成本与开发和商业化一种销售收入为 50 亿美元的药物的成本大致相同。这笔经济账非常简单。随着公司规模的扩大，它们需要更多的重磅药物来维持其增长。一家年销售收入达到 10 亿美元的公司只需要 1 亿美元的增量收入就能实现 10% 的增长率，一家销售收入 200 亿美元的公司则需要 20 亿美元的增量收入。只是有一个问题，有预测称，随着基因组学和其他技术使药物能够更精细地针对特定的患者亚群，重磅药物将变得越来越少。这种价值 50 亿美元的药物的市场有可能被分割成 10 个价值 5 亿美元的子市场。

最后，正如前面所讨论的，制药行业面临着上述所有问题，而此时其研发效率充其量处于停滞状态，可能还会下降。研发效率是制药行业增长的关键，随着该行业面临价格压力、产品生命周期短和市场更加分散的三重威胁，这一行业的改进将变得更加关键。

大型制药公司的生物技术策略

在过去的若干年中，大型制药公司一直在寻找应对上述问题的策略。许多公司无法抗拒合并。制药行业的合并是一个令人困惑的现象。分析师普遍为他们欢呼。每当一家公司遇到（管线问题造成的）麻烦时，它们通常都会要求合并或收购。然而，平均而言，并购在为制药行业创造长期股东价值方面的纪录似乎非常糟糕。

制药行业的并购逻辑存在很大问题。作为一种整顿策略，并购在产能过剩的行业（如钢铁、电子部件、商品化学品行业）是有保障的。通过并购，这些行业的生产能力得以提高，价格得以稳定。制药行业可能存在一些过剩产能，但这不是该行业的主要问题。在制药行业，并购可能会在消除冗余（如过多的重复研发操作）方面带来一次性收益，但就算实现了这些缩减，增长问题仍然需要解决。此外，公司的规模如果扩大一倍确实很吸引人，但这也意味着你必须以两倍的增长速度才能维持同等的市场地位；而且，几乎没有证据表明制药行业规模更大（超过临界点）有助于提高研发效率。只有在新药产量增加一倍以上的情况下，通过并购将研发规模扩大一倍才具有经济合理性。到目前为止，并购对制药公司研发效率的影响还没有那么好。

那么，这对大型制药公司有何影响？一些圈子流传着大型制药公司是没有前途的"恐龙"的说法，或者说这些公司的未来在于营销而不是研发。这两种思路都未能察觉现在大型制药公司面临的巨大机遇。回想一下，生物技术行业面临的一个重大挑战是整合，其价值在于将合适的人员和团队集合起来研发新药。从结构上看，即使是中型制药公司，也能很好地利用机会来拼上这份拼图。然而，实现这种整合需要一整套合适的研发战略。组织边界问题对大型制药公司和小型生物技术公司一样重要。

组织边界问题和大型制药公司的研发战略

大型制药公司属于专业知识市场的买方，因此面临着生物技术公司面临的问题的另一面。它们应该在内部进行什么样的研发？它们应该从联盟、开发协议和来自外部的许可中获得什么？一些行业观察人士甚至业内高管表示，大型制药公司应该专注于销售和营销，而让规模更小、更具创新性的生物技术公司开发产品。这类似于电影业。电影工作室通常不会自己开发内容，通常是由独立制片人和编剧开发电影概念并将其推销给电影工作室。这类似于生物技术公司启动研究项目并寻求与大型制药合作伙伴的合作（许可）。

为了了解"电影工作室"模式是否适用于大型制药公司，有必要进一步讨论什么是该模式在电影行业中起效的关键因素。如果将电影业务放在专业知识市场的理论框架之下，我们会发现它非常适合这种类型的结构。假设有一个电影剧本要出售（不存在信息不对称的问题）。电影工作室可以阅读剧本，了解他们需要了解的故事。剧本可以从五花八门的作家手里获得，电影工作室不用担心只能与单一的作家合作。从理论上讲，剧本几乎不包含隐性信息，它是完全用编码表达的。最后，版权为剧本提供了明确的保护。知识产权的界限是明确的，剧本中的内容很清楚。

这并不是说电影制作中从来没有遇到问题或者从没有过剧本争议，但它确实让人们注意到了一个事实，即如果我们将电影业务当成一种生物技术和制药的"模式"，我们需要谨慎。电影业务中的"技术"完全契合我们的理论框架，作为一种模式，它能够支撑一个相当高效的专业知识市场。

制药行业的电影工作室模式的一种形式可能涉及在 2 期临床试验的 A 阶段或 B 阶段之后（实质上是在概念验证之后）获取药物开发权，然后集中内部资源进行大规模的 3 期临床试验、争取监管部门的批准以及开展药物的分销和市场营销。这种模型可能最适用于在科学或技术上非创新的药物（现有靶点、现有化合物类别、现有治疗方式和市场），2 期临床试验的结果为该药物的价值和前景提供了相对清晰的信号。非创新药物带来的信息不对称问题最小；考虑到它们缺乏创新性，关于其有效性和无效性的知识可能已经广泛传播。其次，这类药物通常不需要在特定的下游资产上进行新的投资，因此公司可以利用其现有的临床试验、营销和分销基础设施（例如专门为初级保健医生服务的大型销售队伍）。在很大概率上，这类药物的知识产权保护相对明确，易于评估，可以与其他药物进行比较。

从商业角度来看，这种模式没有什么问题。利用这种模式可能获得不少利润，特别是如果一家公司拥有强大的销售和营销能力（例如通过广告），能够使产品在市场上脱颖而出的话。然而，对于科学含量更高或技术创新型药物，这不是一个合适的模式。一家公司如果没有强大的内部科学研发能力，几乎不可能分辨出哪些候选项目是有前景的，哪些项目是"无价值的"。仅仅是为了做出正确的交易，也会对公司的内部科学研发能力有一定程度的要求。此外，如前所述，如果我们从化合物类型、治疗方式或者治疗市场的角度来考虑创新性，那么外包开发存在许多战略风险。由于信息不对称、存在专业资产和隐性知识、知识产权的不确定性等问题，专业知识市场的效率变得更低了。这导致了一个有些违反直觉的结论（至少就传统观点而言）：垂直整合的优势在于它规避了信息不对称、存在专业资产和隐性知识、知识产权的不确定性等问题。这些更像是创新性更强的研发工作的特征。因此，虽然传统观点认为联盟和研发外包对创新至关重要，但实际上垂直整合可能更适合最创新的类型。

不同种类的药物创新会产生不同种类的战略风险，因此我们不太可能拥有一种在任何情况下都更适合大型制药公司进行创新的组织模式（如电影工作室模式与传统垂直整合模式）。我们可以预见，不同的商业模式将对应不同的技术战略。专注于销售和营销创新程度较低的药物的公司会采取电影工作室模式，对于这些产品来说，知识市场运作良好。专注于最具创新性、科学新颖度特别高的药物的公司会采取垂直整合模式。鉴于科技涵盖范围很广，很可能大部分公司不得不视技术的情况而采取多种机制：通过垂直整合研发最具创新性的药物，从专业知识市场上"采购"最不具创新性的药物，以及通过与选定的合作伙伴建立长期联盟，来获得中等创新程度和复杂性的药物。

垂直整合远未消亡，在未来的制药行业中将发挥重要作用。然而，这并不是万能之策。公司内部必须发展出能够将药物研发的复杂环节整合起来的能力。一家垂直整合的公司却将各个重要功能和技术专业作为各自的专业知识孤岛来运作，这是不对的。这样做仅仅是复制了专业知识市场上存在的许多问题，而没有获得独立且积极主动的创新型公司的任何优势。

对联盟的影响

垂直整合的论点并不代表联盟会消失。事实上，如上所述，联盟和伙伴关系将是内部研发的重要补充。此外，联盟将有助于解决垂直整合的关键挑战之一：为尝试有风险的技术创造激励。鉴于技术变革的广度和速度，即使是最大的公司也无法探索技术格局的所有变化，它们需要与外界（大学和生物技术公司）建立联系。在某些情况下，垂直整合对于某些组织来说根本不可行。一家生物技术公司可能既缺乏资金，也缺乏向下游转移的能力。大型制药公司也可能无法吸引所需的人才，或者可能缺乏时间来发展必要的科学技术能力。

因此，合作发展模式将继续在行业中发挥作用。然而，这里所说的合作类型和生物技术行业现行的合作方式有很大的不同。为了达成必要的整合和学习，联盟需要提供可信的长期投入；必须存在公开的信息流动；管理方法必须足够灵活，以适应不断变化的环境；双方必须互相学习。

不幸的是，在生物技术和制药行业，"联盟"和"合作"这两个词经常使用不当。在新闻稿和年度报告中，谈论一个人的"合作伙伴"和"合作者"看起来很不错。实际上，在向潜在合作者推销自己时，每家公司都会称自己为"首选合作伙伴"。但是，从生物技术和制药行业目前的关系来看，我们发现大多数联盟成员间都具有相当疏远的关系。生物技术联盟的典型合同期限略少于 4 年。[3] 这听起来可能很长，但与典型的产品开发周期（通常为 12 年）相比，其实是很短的。关系治理通常专注于达成一些具体（且短期）的里程碑。一旦错过这些里程碑，合作关系可能会被解除。双方都致力于相互施压以确保达成目标。然而，这种做法往往过于关注交易本身，而非建立长期的、创造价值的关系。

当然，严格的项目管理没有什么错。然而，在合作关系中，合作伙伴之间必须相互迁就。那些合作伙伴间投资专业资产、分享专有信息、共同学习和冒险的动机都会因为合作关系可能随时终止而被严重削弱。合作需要超越单个项目或者下一个里程碑的承诺。想象一下，如果在一家公司内部，整个药物研发团队因错过一个非常复杂且不确定的项目的里程碑而被解雇，会导致什么？会导致该公司很难吸引优秀人才。而且，人们意识到该组织对他们缺乏承诺，那么从事研发的人将不断寻找新的机会。分享信息和为其他项目做出贡献很可能变成低优先级的工作。如果以这种方式进行内部研发对优秀人才的吸引力不大，那么对外部合作伙伴就更没吸引力了。

真正的联盟还需要管理层（不是律师）的特别关注。大多数组织低估了正确管理协作所需的内部资源。事实上，与内部项目相比，协作可能需要管理层付出更多的精力。在内部，有现有的组织惯例（关于如何运作的标准流程、规范和程序）可以遵循。许多事情在不知不觉中发生，许多决策在不经意间被做出。在合作中，这些习惯在一开始并不存在。几乎每一件事都需要被特别管理和讨论。因此，合作在一开始通常比内部组织更为复杂、缓慢，效率也较低。只有通过两个特定合作伙伴之间的共同经历，相关的组织习惯才能逐步建立，但这需要时间、努力和投资。

今天，许多公司都关注联盟的数量。事实上，商务拓展人员经常根据其促成签订的协议数量获得奖励。公司很爱宣称它们拥有多少联盟——货币化心态又在起作用，但是数量并不重要，除非公司采取了电影工作室模式进行制药。对于在科学或者技术上创新性更强的项目，与许多浅层次的关系相比，进行更深入的合作更有效。一家制药公司与其在一年内签署 40 项协议，不如挑选极少数（5～6 个）

外部合作伙伴建立长期（5～10年）合作关系。

与上述建议对应的合同结构和治理结构与我们现在看到的非常不同。对创业者而言，这意味着其要相对广泛地定义关系。我们可能会看到围绕具体治疗领域或靶点族群的合作关系，而不是针对特定分子（如 XYZ）的许可协议。合作双方将围绕研发问题进行真正的联合决策。同时，双方都必须愿意放弃一些他们经常垂涎的决策控制权。在许多联盟中，更大（更强大）的合作伙伴通常会寻求尽可能多的决策控制权。对于采用少而精的联盟模式的公司，除非它对对方的能力有信心，否则不会与对方形成伙伴关系：如果你不愿意放弃一些决策控制权，那么你很可能选择了错误的合作伙伴。这大概率意味着，能够成为理想合作伙伴的公司往往较少。

总结

本章研究了生物技术公司和制药公司可能会采取的各种各样的战略。讨论表明，生物技术行业和制药行业的健康的组织结构涵盖了形形色色的商业模式，每种商业模式都针对不同类型的创新。然而，无论如何，解决结构性问题只是使生物技术成为一门以科学为基础的生意的一个方面。生物技术是在其他配套制度的背景下运作的，这些配套制度对企业的行为产生一定的影响。此外，管理基于科学的企业还面临挑战，这些挑战考验着当前我们在其他行业背景下应用的管理技术。最后一章将探讨可能需要做出的机构变化，以支持经济上健康的基于科学的企业。

第8章

出路

像生物技术这样的科学革命，其本质只有一部分是关于科学的，与科学密不可分的是对配套制度、组织架构、商业模式和管理实践的探索和实验。技术创新与组织和机构创新往往紧密地交织在一起，以至于讨论哪个先发生毫无意义。某项技术是否引发了公司组织架构创新的需求？还是组织架构的创新促成了某项技术的创新？这两个问题的答案可能都是肯定的。生物技术的历史展示了技术创新和组织试错之间的相互作用，即理查德·纳尔逊（Richard Nelson）所称的科学、技术和机构的"共同进化"。[1] 在生物技术行业，实验不仅发生在实验室和诊疗机构中，还发生在董事会会议室，以及企业家、经理、风险投资人和其他梦想着创造新的经营方式的人所在的所有其他办公场所中。生物技术行业用30年的时间概括了这样的实验过程，这也是本书探讨的主题。本章将对这些实验进行反思，并对未来的道路做出一些预测，以及就需要改变什么才能使整个行业将潜力变成现实提供一些建议。

盘点并展望未来

根据生物技术行业的实验可以得出一些基本结论。

首先，作为一门生意，生物技术尚未实现其巨大的商业和经济潜力，只有很少的新进入者是有利可图的。总的来说，这个行业长期以来都在亏损。即使在盈利的公司中，也只有少数"精英"获得了可观的利润——这些都属于最早进入该行业的公司 [如安进、基因泰克、健赞、百健艾迪（Biogen-Idec）等]。也许只有安进公司和基因泰克公司才能在法律上被视为进入了成熟的制药公司联盟，而基因泰克公司则由跨国制药公司罗氏（Roche）拥有大部分股权。

其次，没有迹象表明生物技术彻底改变了制药研发的生产率，尽管这和长期以来的说法相反。对于老牌制药公司和较新的生物技术行业的创业者来说，研发生产率仍然是一个大难题。

最后，生物技术行业似乎正在从研发光谱中较为激进和风险较高的位置后退。生物技术公司本该摆脱传统和官僚主义的桎梏，去往大型制药公司不敢去的地方。不幸的是，经济问题还没有解决，生物技术公司就已经从前沿转向风险较低的领域。当然，这样的策略没有错。鉴于私人和公共股权市场的现实，采用这些策略是完全合理的。尽管这些公司中的许多公司并没有在科学上取得进展，也没有研发治疗重大疾病的高度创新的药物，但它们正在做有价值的工作。对现有药物分子进行新的模拟和细化可以带来重大的治疗改进，并大大扩展患者的治疗选择。然而，我们应该让这种趋势停下来。创业公司本该处于研究的前沿。如果新兴的生物技术公司不采取高风险的战略，如果他们远离尖端科技，那么谁将专注于高风险、回报周期长和科学上不太成熟的项目，以获得重大的医疗突破呢？谁将成为未来生物技术革命的先锋呢？

人们普遍认为，只要有足够的时间，生物技术行业终将表现良好。自该行业成立之初，实际上人们就已经做出了"指日可待"的盈利预测。虽然，就像任何预测一样，这些预测很难事前反驳（但肯定可以事后验证）。迄今为止，对生物技术行业未来会拥有健康的经济状况的预测一直都是错误的。虽然，生物技术行业还是有可能很快就呈现出健康的经济状况，且无须做出进一步的结构变化，但本章的探讨应该谨慎一些。相同的战略和相同的结构看起来更可能会带来相同的业绩。

另一种普遍提出的乐观情景通常可以概括为"技术拯救一切"：科技的进步——基因组学、蛋白质组学、系统生物学等方面的进步可能使人们在研发早期就精准确定了有前途的候选药物。这将显著降低不确定性（即淘汰率下降）、研发周期缩短和成本的显著降低，并涌现出大量的新药。然而，这种情况显然将导致制药业和生物技术行业的局面发生重大变化。

这个假设的情景引出两个问题。首先，假设技术上这一情景成为现实，这是否一定会改善整个行业的前景？毕竟制药行业的大部分利润取决于研发过程的固有不确定性和风险。风险构成了行业的壁垒，成功概率低意味着赢家虽然很少，但赢家往往可以过得很滋润。生物技术行业的利润情况反映了这种经济逻辑：有一些大赢家（如安进公司、百健艾迪公司、基因泰克公司、健赞公司），但苦苦挣扎的企业更多。减少具有不确定性的技术和能力积累不一定会带来更高的平均利润，但可能会降低利润分布的不均匀性）。

这个假设的情景引出的第二个问题和转变方式有关，即如果有科技进步的一天，那么转变过程应该是怎样的？即使是狂热的乐观主义者也意识得到，通往"科技涅槃"的道路将是一条漫长而曲折的道路。更何况，为了顺利转变，我们需要能够从事并发展基础科学的企业；我们需要能够整合相关技术和知识的机构，还需要发展出生成、处理和利用信息的能力，从而（通过试错）习得哪些方法有效、哪些方法无效。简单地说，我们需要在经济上行得通的科学型企业。

如果无法解决这个行业的商业问题，会有什么后果？归根结底，从商业角度来看，经济表现不佳——现金流为负，财务回报低——是不可持续的。这个行业将无法吸引新的投资和新的人才。生物技术改变医疗保健的巨大潜力也将无法实现。

上一章探讨了私营企业为解决制药行业的问题所能做出的贡献，重点关注思维定式以及适当的组织战略和商业模式。更好的战略和更好的商业模式可以提供巨大的帮助，但可能还不够。本章将目光转向公司运营的环境，它包括基础科学机构、拨款机制和法律法规。在为健康的生物技术行业奠定基础方面，前述每一项都发挥着作用。

基础科学研究机构

基础科学研究机构包括学术研究实验室、政府研究机构和政府科学基金。这些机构在推进生物技术行业的基础科学方面发挥了重要作用。很难想象如果没有美国国立卫生研究院、加州大学、斯坦福大学、麻省理工学院、哥伦比亚大学、华盛顿大学、哈佛大学、怀特黑德生物医学研究所、基因组研究所、人类基因组项目、剑桥大学 MRC 分子生物学实验室、数十个学术医学中心、世界各地无数其他政府和学术实验室以及《科学》（Science）与《自然》（Nature）等期刊，生命科学今天会是什么样子。

正如本书所指出的，这些机构越来越多地与商业机构交织在一起。科学机构与商业机构之间的联系是争论的主题。美国大学和私营企业之间的紧密联系似乎在基础科学知识的快速商业化中发挥了关键作用。事实上，在欧洲，政府政策和文化规范历来都阻碍了大学与私营企业的紧密联系，因此人们一直在讨论效仿学术创业的"美国模式"。担忧者害怕大学和私营企业日益发展的亲密关系会将公开获得的科学知识转变成私人知识产权，从而颠覆"科学公域"。[2] 一般来说，关于密切的大学与私营企业的关系所产生的有害影响的证据好坏参半。虽然一些调查研究表明，研究目标会受到商业回报前景的影响，但是尽管专利与获取商业回报的活动和途径有关，却几乎没有证据表明，这样的专利会限制研究成果的发表。[3]

关于大学参与学术创业活动的主要争议焦点在于专利的影响。从某些角度来说，这场争论聚焦于错误的问题。与其说这是大学是否获取专利的问题，不如说这是他们选择如何使用这些专利，以及他们在多大范围公开这些专利中包含的知识的问题。本书提出了一种思考方向。生物技术行业的创新依赖于某种机制，这种机制能够管理风险、实现整合和促进学习。那么问题就是，这些科学的配套制度以及它们和企业之间的联系会如何影响整个行业管理风险、实现整合和促进学习的能力？在这些维度上，怎样的变化才可能是有益的？

对基础科学的投资能够降低风险，从而可能提高下游研发环节的吸引力。[4]基础科学的进步（例如 DNA 重组的发明和人类基因组图谱的创建）或者基础研究工具（例如基因组测序和"敲除"小鼠）的发展以两种方式降低了更偏应用的商业研发的风险。首先，这指明了后续努力可能取得成果的方向（同样也标记了不太有吸引力的道路）。李·弗莱明（Lee Fleming）和奥拉夫·索伦森（Olav Sorenson）将科学进步比作绘制地图的过程，科学进展就是不断完善这张地图的细节。[5]其次，这为研究人员提供了更快速、更有效地进行实验的工具，从而更快地获取有关哪些路径更有前景的信息。我们可以将基础研究视为产生信息的过程，这些信息能够消除不确定性，从而降低风险。从这个意义上说，很容易理解科学研究是如何降低研发风险的。

然而，为了使科学研究在降低风险方面发挥其有益作用，必须广泛传播由科学研究产生的信息。任何大学层面的规划和政策（例如独家许可）如果打击或阻碍了基础科学信息的广泛流动，那么这些规划和政策显然是有问题的。按照弗莱明和索伦森的比喻，如果有 100 个探险家在蒙头乱撞，那么只把地图给予 1 个探险家，就无法产生多大影响。更糟糕的是，在生物技术这样的领域，基础科学知识是随着将其应用于解决特定的治疗问题而不断发展的。因此将科学技术知识交给更多的"探险家"，很可能会加快科学进步的步伐。独家许可（给现有公司或初创企业）可能适合特定分子药物的非常具体的治疗应用（例如也许能抑制癌细胞生长的分子），但如果转向上游更基础的工具和技术［它们带许多有潜力（但不确定）的研发方向］时，这样的许可就不太合理了。[6]大学持有初创企业的股权显然与此背道而驰。

　　大学和资助流程或许能够以两种方式提升研发整合。第一种方式是，大学能够通过跨学科研究建立更多的综合知识库。在商业研发中，整合的一大障碍是知识基础被分割成许多高度专业化的细分领域。具体到某个学科（如化学、基因组学）中，我们拥有深厚的知识，然而能够帮助我们理解学科之间联系的知识却比较少。部分原因是这些学科是以高度专业化的方式组织的，每一门学科都有自己的一套聚焦问题、表达方式、知识目标、理论、公认的方法、出版渠道和研究的评估标准。这在生命科学和其他任何一门学科中都是如此。另一部分原因恐怕依然要归咎于资助流程，该流程倾向于奖励那些专注于狭窄、界定清晰的研究项目的研究人员。正如大多数系统一样，资助流程也涉及权衡。目前资助流程的同行评议环节是质量控制和确保决策基于科学价值的绝佳工具，但它也可能对跨学科工作造成阻碍。资助流程的批评者指出，"抗癌战争"是一个例子，说明资金会如何使研究人员偏离最重要的问题。据报道，虽然转移性过程导致了 90% 的癌症患者死亡，但在 1972—2004 年间，美国国家癌症研究所提出的研究提案中，只有不到 0.5% 的提案重点关注转移性过程。[7]

　　大学和资助流程的主要目标之一应是重塑科学领域，通过更整合的、跨学科的研究与培训。已经有迹象表明，在过去 10 年（指 20 世纪末到 21 世纪初的 10 年）中，这种情况已经开始发生，因为大学成立了跨学科研究所，例如哈佛大学和麻省理工学院的跨学科研究所（Broad Institute），这些研究所汇集了来自生物学、化学、数学、计算机科学、物理学、工程学和医学的科学家。

　　大学影响整合的第二种方式是通过其与新公司形成相关的策略和做法。大学的许可策略和针对组建新公司的政策可以对生物技术行业格局产生重大影响。在此，我们同样应对独家安排持怀疑态度，尤其是当知识产权被移交给单一实体时。如果这个实体拥有互补技术和功能能力，这可能有助于整合；但如果许可授予的是一家初创企业，那可能加剧第 6 章中讨论的"专业知识孤岛"问题。

技术转让有 3 种基本的模式，每种都适合不同的场景。做个极端假设，假设我们拥有非排他性的"公开"技术许可。这不一定意味着使用该技术免费，但它确实意味着任何想要获得许可的实体基本上都可以获得该技术（以合理的经济条件交换）（第一种技术转让模式）。这是基础的 DNA 重组专利所采纳的模式，推动了生物技术产业的早期成形。当技术意味着广泛适用的工具、工艺或概念时，这种转让模式最有效。

第二种技术转让模式是给现有公司独家许可。当涉及的技术具有特定性，且其价值会随着获取范围的扩大而降低时，独家许可就显得尤为重要。举个例子，与特定药物分子相关的技术，对那些希望通过该分子治疗相关疾病并从中获利的公司来说，可能具有极大的价值。然而，如果获得许可的公司面对拥有类似技术的竞争者，其进一步投资并发展这项技术的动机就会减弱。当需要某些互补的资产、能力和知识来充分发挥相关技术的潜力时，与现有公司合作是最佳的。例如，一种新发明的癌症治疗药物如果许可给在研发癌症药物及设计和管理临床试验上都拥有丰富经验的机构，那么该药物可能会得到更充分的利用。

最后，如果一项技术是全新的，不需要现有技术或组织能力的补充，那么以创业模式（第三种技术转让模式）进行技术转让可能是最佳的。例如，高度创新的治疗模式，如组织工程（tissue engineering），在一家能够从头开始构建基本能力的新公司内孵化可能会更好。

前一章告诫生物技术企业界不要有变现思维。大学（教授和管理人员）或许也要受到这样的忠告。变现思维对许可和披露政策的影响越来越大，这可能抑制关键科学信息的广泛传播。这些政策的目标是最大化大学的许可收入和股权回报，而不是最大化对科学公共领域的贡献。无论是思维还是政策都需要转变。从长远来看，生物技术行业持续不断的科学进步及商业上成功的研发都需要更重视科学公共领域。[8]

资助安排

如前几章所述，即便在科学高度发展的时代，药物研发依然面临着深刻且持续的不确定性，这一特性对现有资助模式提出了挑战。有两个困难必须解决。首先，虽然（美国）政府通过国立卫生研究院等机构慷慨资助基础科学研究，并且有丰富的融资渠道供给开发程度更高（不确定性更低）的新公司，但是有时在被称为"转化型研究"（translational research）的地方，依然存在资金缺口。其次，将上市股票作为生物技术公司的融资模式和治理模式面临着特殊的挑战。

跨越鸿沟：转化型研究

转化型研究将基础科学的发现和概念转化成具体的产品机会。

虽然定义并不精确，界限也很模糊，但转化型研究将早期基础研究和临床试验联系了起来。了解干细胞如何分裂并成为专门细胞的研究可以是基础科学研究的一个例子，提出有关治疗糖尿病的临床应用的假设和见解则是转化型研究的例子。为引起正常细胞癌变的基因突变进行登记分类是基础科学研究的一个例子，提出假设并确定可能阻止这一过程的化合物类别是转化型研究的一个例子。转化型研究包括靶点识别和验证、体外和体内筛选等活动，可能还包括一些早期临床试验（第 1 阶段或小规模第 2 阶段）。

从历史上看，转化型研究的问题在于，从某种意义上说，它"太过实用"，无法吸引像美国国立卫生研究院这样专注于基础科学研究的机构的资金。根据基思·乔伊纳（Keith Joiner）的说法，资助流程是进行转化型研究的主要障碍：

> 人们普遍认为，审查小组有一种趋势，即资助材料写得好的申请，申请中的假说很重要，初步数据需要令人信服，但最重要的是，提议的实验很可能会成功，并且可以在获得资助的时间窗口内完成（个人观察）。药物能否直接用于改善人类健康是可以讨论的，但这很少用作资助决策的必不可少的标准……进行转化型研究的复杂性包括确保接触足够的患者和志愿者、满足监管要求、在仅部分受控的环境中进行研究，以及处理昂贵的基础设施，所有这些都阻碍申请的准备工作，使其无法与清晰且明显更成熟的更基础的提案相比。[9]

同时，人们越来越多地认为，转化型研究对于吸引私人风险投资来说还太早（风险太高，周期太长）。而且进行转化型研究需要投资知识资产，比如可能难以商业化甚至难以保护的新型动物模型（animal models）。

转化型研究有两种可能的方式可以获得资助。第一种方式是考虑将政府资金的应用范围进一步扩大到下游的转化型研究。随着美国国立卫生研究院的"路线图"（Roadmap）和"院长先驱奖"（Director's Pioneer Awards）的设立，这种情况已经开始发生，以鼓励研究人员投入探索较少、风险较大的研究领域。[10] 例如，美国国防部高级研究计划局（Defense Departments Advanced Research Project Agency, DARPA）就资助了软件、通信、计算机和电子（包括互联网的原型）方面的此类研究。

第二种方式是来自私营领域的资助。这本身可以有多种形式。世界上最大的几家制药公司可以提供资源和激励措施，独立进行转化型研究，也可以和大学合作。诺华生物医学研究所（Novartis's Institute for Biomedical Research）在很大程度上将其使命描述成进行转化型研究。然而，纯企业研发在这个领域并不能克服知识的传播问题，但对于转化型研究而言，这个问题或许不如基础科学研究那么严重。此外，企业联合体可能会资助学术机构的转化型研究项目。

一种有趣而且很有前景的转化型研究的替代资助机构叫作风险慈善（venture philanthropy，也叫公益创投）组织。顾名思义，这是一种混合的配套机构，混合了传统非营利性慈善元素和传统的营利性风险资本。像慈善机构一样，这些组织由私人（通常由富有的个人或家庭）提供资金，是非营利性质的实体，专注于特定的研究目标。在医疗保健方面，风险慈善组织通常专注于推进具体疾病的治疗。然而，这些组织在筹资和管理过程中一直都是按照传统营利性质的风险投资的方式进行的：分阶段提供资金，并定期进行里程碑式的评估。风险慈善家和传统的风险投资人一样，采取了某种积极的方式帮助被资助者（要么提供管理指导，要么帮助他们与圈子中其他参与者接触）。最重要的是，风险慈善家既会资助私营企业，也会资助学术研究人员，且通常从投资中获得某些回报（非股权的），这些回报会回到基金会，以增加基金会的资金。

风险慈善是一种相对较新的组织形式。1955 年成立的囊性纤维化基金会（The Cystic Fibrosis Foundation）可能是这类组织中最早的一个。然而，大多数风险慈善组织都是在 2006 年以前的 10 年中成立的，包括前列腺癌症基金会（Prostate Cancer Foundation，1993）、老龄化研究所（Institute for Aging，1998）、多发性骨髓瘤研究基金会（Multiple Myeloma Research Foundation，1998）、比尔和梅琳达·盖茨基金会（Bill and Melinda Gates Foundation，专注于发展中国家的艾滋病和传染病研究，2000）、迈克尔·J. 福克斯帕金森病研究基金会（Michael J. Fox Foundation for Parkinson's Research，2000）和加速脑癌治愈基金会（Accelerate Brain Cancer Cure，2001）。

加速脑癌治愈基金会的运作方式在这类机构中属于典型。加速脑癌治愈基金会专注于推进可能治愈人类脑癌的化合物进入临床试验。它不仅资助研究，而且在组织和管理过程中发挥着积极的作用。例如，加速脑癌治愈基金会资助了杜克大学（Duke University）的开发脑癌动物模型和建立筛查中心的研究工作。随后，它与多家私营公司合作，这些公司研发了用于治疗其他癌症的化合物，并通过与杜克大学签订的材料转让协议，对这些化合物进行了抗脑癌活性筛选。与加速脑癌治愈基金会合作的公司能够接触到由学术界和公司合作者组成的网络。在大多数情况下，原创公司保留对任何在早期筛选中显示出潜力的化合物的权利，而加速脑癌治愈基金会则从未来的销售中获得收入。

现在说风险慈善组织将如何影响生物技术研究还为时过早。这样的组织屈指可数，与全球政府和企业研发领域相比，其资金总额微不足道。迄今为止，风险慈善组织只关注少数几种疾病。这些组织也处于完成使命的早期阶段，多年来一直在努力取得重大治疗突破。然而，风险慈善组织有两个特点符合本书概述的行业要求。首先，由于它们的资金结构的特点，它们主导的项目的时间跨度很长。它们的目标是在治疗上有所突破，而不是在 3 ～ 5 年内将利润返还给有限合伙人。这使它们能够在必要的时间跨度内维持高度不确定性的投资。其次，他们通过积极主动地管理合作者网络来促进整合。大多数风险慈善组织都对合作者之间的信息共享做出了一些规定（事实上，一些组织将充分的信息共享作为资助的先决条件），并且这些组织本身可以成为共享信息的存储库。

治理、披露和财务模型

对于一家新兴的创业型生物技术公司来说，成功的标志就是上市，这几乎已成为不言而喻的现象。这并不奇怪。上市的做法让风险投资人、创始人和公司员工变得富有，他们的薪酬形式通常更倾向于期权而不是工资。当然，自相矛盾的是，虽然上市被视为成功的标志，但在财务上成功的上市生物技术公司确实很少（见第 5 章）。我们需要谨慎地将生物技术公司的所有业绩问题归因于其公共股权治理结构，生物技术行业的业绩问题的形成原因是多方面且复杂的。

然而，生物技术公司面临的挑战与公共股权治理的属性之间似乎存在不匹配。这种不匹配的根源在于，对于绝大多数生物技术公司来说，公司的价值即使不是完全取决于正在进行的研发项目，也在很大程度上依赖于这些项目。这引发了两个问题。其中一个问题与披露和估值有关——公共股票市场有效运作的必备要素。另一个问题与大多数研发项目的回报周期很长有关。这两个问题引发了第三个问题，是否有一种模式可以提供公共股票带来的好处，而不会因为前两个问题而带来负面影响？

披露。高效资本市场的基本原则之一，是投资人必须能够获得信息。对于绝大多数上市公司而言，当前的披露准则非常注重财务参数（如收益），且效果相当不错。为了使资本市场有效地为生物技术公司等科技型企业运作，需要更适合这些公司拥有的资产类型的披露准则。

一些改革，如《萨班斯－奥克斯利法案》（Sarbanes-Oxley Act, SOX Act）和《财务会计准则委员会声明 141 和 142》（Financial Accounting Standards Board Statements 141 and 142）增加了所有公司的披露负担。关于知识产权，公司需要衡量、监控和披露相关资产的价值，以及重大变化可能如何影响财务业绩。[11] 虽然《萨班斯－奥克斯利法案》和其他改革增加了披露要求，但尚不清楚它们是否解决了生物技术等科学驱动型业务面临的特定问题。在整个研发项目中，公司会做出无数影响项目前景和价值的技术决策（如临床试验的设计、结果的解释）。根据现行制度，公司必须及时披露对公司前景有"重大影响"的临床试验结果。公司收集证据支持某药物，评判公司在这一点上是否做得好的最终仲裁者是美国食品药品监督管理局或美国以外的同等监管机构。

本质上，美国食品药品监督管理局的工作非常像第三方审计员的工作：调查药物背后的科技质量和临床数据。（当然，与财务审计员不同，美国食品药品监督管理局是一个政府机构，而不是一家由被审计客户支付费用的营利性企业。）美国食品药品监督管理局是否在这一角色上做得很好，是一个近期备受争议的问题。有些人认为它太宽松，有些人认为它效率太低，有些人则认为它太严厉。撇开这些问题不谈，从投资人信息的角度来看，美国食品药品监督管理局审查的最大问题是，它主要发生在流程的最后，而且在整个过程中，公司和美国食品药品监督管理局之间的大部分交流都是非公开的。美国食品药品监督管理局以公开方式正式参与该过程的唯一时机是在该过程结束时，即公司提交新药批准申请或基于安全问题下令公司停止正在进行的临床项目时。它可以就临床设计或监管问题和担忧向公司提供建议，但总的来说，它不能强制要求公司以某种方式执行其试验。它也没有为公司解释结果，并明确哪些药物可进入开发阶段（同样，除非存在严重的安全隐患）。这些决策权归公司所有。而且，如第 6 章所述，有证据表明，这些决策可能受到公司财务状况及其可选开发项目的影响。

在研发过程的早期阶段，可能需要以投资人需求为重点的额外披露。这些建议很可能会遭受已经感受到《萨班斯－奥克斯利法案》披露负担的管理者的怀疑，甚至是彻头彻尾的敌意。然而，巴鲁克·

列夫（Baruch Lev）的研究表明，增加研发披露实际上对生物技术公司的市场价值有积极影响。[12]这表明，实际上不需要监管的解决方案，更多地披露研发项目的信息更符合公司自身的利益。

沿着这些思路，需要严肃考虑是否在研发过程中披露更多临床试验数据。这显然是一个有争议的提议。迄今（2006年）为止，此类披露是自愿的，而且对这一过程不需要进行监督。此外，这些披露的目的是确保患者安全（和医生了解），而不是便于投资人评估。在研发过程中提供临床数据是一个复杂的问题。一方面，它肯定会提高信息透明度；另一方面，制药公司也有充分理由认为他们的临床数据非常有价值，而且是具有竞争性的专属资产。

可能有一些折中的解决方案，例如，报告聚合统计数据。今天，通过在同行评议医学期刊上发表研究结果，已经在一定程度上做到了这一点。但是，将哪些研究结果提交给期刊完全由制药公司自行决定。这会产生一种偏见，即只公布有利的结果。事实上，为了使信息对投资人有用，公司需要提供正面和负面的研究结果，并且需要在研发过程的早期提供，而不仅仅是在药物被批准上市之后。

显然，如果为了确保患者安全和提高医生的意识而全面披露临床试验数据是有争议的，那么在研发早期披露数据以向投资人提供信息可能会遇到更多阻力。临床试验中持续产生的数据具有很高的竞争价值。有一种观点认为，如果公司被迫在研发过程中披露临床试验数据，"搭便车"问题将削弱他们投资研发的动机。这是一个合乎逻辑的论点，但只是整个问题的一个方面。在研发过程中更早披露临床试验数据对制药公司有两个额外的好处。首先，更好地为投资人提供信息应该可以降低资金成本。如今，信息不对称意味着投资人必须将来自公司的信息质量打个折扣，并从本质上给生物技术投资分配更高的风险溢价。其次，即使竞争对手能够利用他们了解到的关于他人结果的信息，也不完全清楚这是否会产生长期的不利影响。竞争对手可能会了解到一种很有前途的方法，但他们仍需要进行自己的研究，而且与此相关的时间滞后性非常明显。换言之，在研发过程中披露临床试验数据仍有强大的先发优势。此外，提供更多信息最终将降低所有公司药物研发相关的不确定性。如今，公司在很大程度上基于自己的信息而不是基于其他公司的信息来做出研发选择和临床试验设计决策。这必然会导致研发工作的浪费，因为不同的公司基本上会重复相同的错误。更全面地披露临床试验数据不仅可能带来更好的投资选择，而且可能有助于解决行业面临的研发效率问题。

重新审视公开上市的生物技术公司。 即使信息披露得更为充分，公开上市的生物技术公司的模式仍然值得商榷。我们采访了一家上市的盈利的生物技术公司的首席执行官，他透露："我不确定生物技术公司公开上市是否是一个可持续的模式。"他接着解释说，当面临短期盈利压力时，经营一个需要 10 年投资周期的业务是非常困难的。另一位首席执行官指出："在这里，我们建立了一个融资模式，为一个 20 年发展周期的行业提供一个 2～3 年的时间窗口。这没有意义。"当然，也有人可能会提出相反的观点，因为生物技术行业的长期表现非常糟糕，特别是某几个公司；恰恰相反，资本一直以来都太有耐心了。无论资本是过于有耐心还是过于急躁，其结果都是一样的：资源配置不当。一些公司可能没有足够的资金来资助真正重要的（且具有经济吸引力的）项目，而另一些公司可能会将太多的资金浪费在有问题的项目上。

在考虑上市公司的替代机制时，我们需要首先认识到公共股权的宝贵特性。首先，公共股权让公司能够获得大量资本，从而使公司有可能资助大型开发项目。其次，公共股权市场具有流动性，这使投资人能够分散风险。这不仅降低了企业的资金成本，还为风险更高的企业提供了资金。最后，公共股权市场的流动性使新兴公司能够通过股票期权和其他基于股权的薪酬方案而非现金薪酬来吸引科学和管理人才。

类上市公司。 公共股权有很多令人喜欢的地方，但是正如前文所指出的，它并不完全符合生物技术业务等基于科学的业务的要求，存在治理问题、披露问题和时间窗口问题。鉴于这些问题，是否有一种配套制度能够使我们保持公共股权的有益属性，而避免它的负面影响？或许可以选择类上市公司（quasi-public corporation）。顾名思义，这样的实体可以公开上市和公开交易，因此它们遵循上市公司的所有正常治理和披露准则，可以进入公共股权市场。然而，与普通的上市公司不同，类上市公司的大部分股票由具有长期投资和战略利益的单一实体持有。也就是说，双方不仅仅是一种财务关系。基因泰克公司的模式实际上就是这种模式，因为其 60% 的股权由罗氏公司持有（罗氏的股权有 20% 由诺华公司持有）。

基因泰克公司的历史很有趣，因为它说明了纯上市模式的局限性。基因泰克公司推出第三种药物（tPA，一种溶血栓的蛋白药）后，它的产品管线面临明显的空档。这是因为基因泰克公司需要将其大部分研发资源用于推进 tPA 的研发。推出 tPA 后，基因泰克公司面临着其他项目所需资源不足的困境。几年来，该公司都没能推出新产品。由于 tPA 的销售收入低于预期，基因泰克公司没有现金流来重启其他研发项目。这导致其在 1995 年与瑞士制药巨头罗氏公司达成协议，罗氏公司收购了基因泰克公司的部分股份，并有权在 4 年内以预定价格收购该公司的剩余股份，该价格每季度上涨一次（最高不超过预设的最高价格）。当时新资本的注入使基因泰克公司能够启动一系列新的研发项目，包括最终使赫赛汀和阿瓦斯汀上市的项目。1999 年，罗氏公司行使了收购基因泰克公司所有剩余股份的权利。然而，罗氏公司几乎立即宣布将向公众出售基因泰克公司约 19% 的股票。基因泰克公司将保留单独的董事会（为罗氏公司的代表保留 3 个席位）。两家公司还就这种关系形成了一套指导原则。根据这些原则，基因泰克公司仍将是一个独立的运营实体。随着时间的推移，罗氏公司通过向公众出售基因泰克公司的部分股份逐渐减持。截至 2004 年，罗氏公司持有基因泰克公司 56% 的流通股。罗氏公司和基因泰克公司的生意往来是按照公平的协议进行的。凭借该协议，罗氏公司有一定的权利在欧洲销售基因泰克公司的产品。

基因泰克公司显然做得极好。它的利润一直很高，它的研发效率一直处于行业前列，它推出了一系列很重要的药物。尽管基因泰克公司已经长成（显然不再是一家小公司），但无论如何，基因泰克公司一直保持着一种创业精神和以科学为导向的文化。基因泰克公司与罗氏公司之间的关系似乎也保持良好，基因泰克公司被允许独立运营。我们需要小心，不要把基因泰克公司的所有成功，甚至哪怕大部分成功归因于这种不同寻常的管理机制。基因泰克公司或许能在许多不同的管理机制下获得同样的成功——我们永远不可能检验一个不符合事实的假设！此外，由于这种管理机制很不寻常，我们没有任何统计基础能评估在这种过半数所有权机制下运营的公司是否比别的机制下的公司表现得更好。在绝大多数情况下，老牌制药公司要么在生物技术合作伙伴中持有非常少的股份（不到20%），要么选择全面收购。

尽管如此，基因泰克公司和罗氏公司的关系至少证明了为这种概念是可行的。如果管理得当，这种合作关系可能是一种可行的方式，使生物技术公司能够采取更长期的研发战略，同时为知情的投资人提供更深入的监督。当然，知情监督和干预的区别只在一线之间。我们很容易想象存在这种情况：严密的监督会破坏最初吸引大的合作伙伴的企业家精神和灵活性。一些大型制药公司对生物技术公司进行完全收购时就发生过几次这种情况。将大部分股份保留在公开市场并保留独立董事会的一个优势是，这样的机制确立了管理层和董事会的信托责任，以维护所有股东（而不仅仅是多数股东）的利益。

和大多数组织创新一样，类上市概念不是"万能药"，也不适用于所有公司。这似乎更适合需要时间和资源来建立研发管线和创造收入流的新兴公司。同时，目标公司需要具备足够的技术和管理能力，以便能够独立运营。目标公司如果陷入困境，则很难要求合作伙伴不干预。事实上，虽然罗氏公司因让基因泰克公司独立运营而广受赞誉，但如果基因泰克公司没能做得这么好，这种机制的执行将会困难得多。投资公司需要有纪律，从而允许目标公司独立运营（同时行使受托监督）；而且投资公司还需要处理薪酬问题。如果目标公司的雇员拥有期权——目的是允许公司的股票公开交易——那么他们的总薪酬可能会让投资公司员工的薪酬相形见绌。这种报酬差异显然是一个矛盾对立的来源，并可能导致双方关系恶化。因此，类上市生物技术公司是解决管理问题的一个结构性方案，但不是全方位的解决方案。归根结底，经营一家以科学为基础的企业需要一系列的管理行为和方法，这些管理行为和方法可能与大多数行业中的管理行为和方法有很大不同。

迈向科学型企业

如果我们回到本书的动机问题之一——科学能成为一门生意吗？根据迄今为止的经验，答案似乎是否定的。生物技术中的科学业务还没有盈利，在将科学进展转化为药物方面也没有特别的成效。然而，这个答案只有在我们把现有的组织和制度安排以及现有的管理技术作为不变条件时才是正确的。我在本书中试图说明的是，科学创造了新的商业要求，这些要求无法用现有的方法来满足。为了释放生物技术的潜力，需要进行组织和制度创新。技术创新的重大时代总是与组织架构和配套制度的转型创新联系在一起。例如，大约 150 年前，铁路和电报系统的建立催生了现代公司，它将所有权（股东）与管理权（受薪）分开。正如阿尔弗雷德·钱德勒（Alfred Chandler）所指出的：

> 铁路和电报系统的建设和运营需要创造一种新型的工商企业。建造这些系统所需的大量投资及其运作的复杂性使所有权与管理权分离。扩大后的企业由受薪经理团队经

营，他们在公司中几乎没有股权。股东众多且分散，他们是投资人，既没有经验，也没有信息，更没有时间做出维持货物、顾客和信息持续流动所需的无数决定。[13]

在过去的一个世纪里，现代公司一直在随着技术创新和制度发展而不断发展。例如，20 世纪后半叶美国风险投资的出现催生了在半导体、软件、计算机和通信等行业发挥关键作用的创业组织。

当下，我们正处于类似的转变之中。正如铁路和电报行业需要现代公司，半导体和软件行业需要风险投资一样，生物技术的进步也需要一系列的组织和制度创新，这些创新共同构成了基于科学的商业模式。在生物技术发展的几十年里，我们仍在学习这种科学型企业应该是什么样子，应该如何运作，以及需要怎样的管理技术来引导。尽管生物技术行业面临着种种困难，但我们还是看到了如此多的尝试，这的确是一个健康的迹象。我们已经学到了很多东西，我们需要学习的还有很多。对于21世纪的经济学者和从业人员来说，最重要的挑战莫过于为不断演进的有关科学的生意的知识做出贡献。

附录 A

用于做行业分析的生物技术公司

AAIPharma

Aastrom Biosciences

Abgenix

阿卡迪亚制药 Acadia Pharmaceuticals

阿塞斯制药 Access Pharmaceuticals

Acusphere

阿道罗 Adolor

Advanced Viral Research

Advancis Pharmaceutical

ADVENTRX Pharmaceuticals

Aeolus Pharmaceuticals

依特钠 Aeterna Zentaris

昂飞 Affymetrix

Alfacell

阿尔凯默斯 Alkermes

Alliance Pharmaceutical

Allos Therapeutics

阿里拉姆制药 Alnylam Pharmaceuticals

Alteon

阿玛琳 Amarin

安进 Amgen

艾米林制药 Amylin Pharmaceuticals

Anadys Pharmaceuticals

阿尼卡医疗 Anika Therapeutics

Antigenics

Aphton

Applera Celera Genomics

艾瑞纳制药 Arena Pharmaceuticals

阿瑞雅德制药 Ariad Pharmaceuticals

ArQule

Array Biopharma

Aspreva Pharmaceuticals

AtheroGenics

Autoimmune Technologies

Auxilium Pharma

AVANIR Pharmaceuticals

AVANT Immunotherapeutics

Avax Technologies

AVI BioPharma

Avigen

Axcan Pharma

Axonyx

Barrier Therapeutics

BioCryst Pharmaceuticals

Biodelivery Sciences International

Bioenvision

渤健 Biogen

拜玛林制药 BioMarin Pharmaceutical

巴米拉 Biomira

Biopure

BioSante Pharmaceuticals

Biovail

Bone Care International

Boston Life Sciences

Caliper Life Sciences

CancerVax

Cardiome Pharma

Cardiovascular Biotherapeutic

Carrington Laboratories

塞尔基因 Celgene

Cell Genesys

Cell Therapeutics

Cellegy Pharmaceuticals

CEL-SCI

Cephalon

Cerus

Chiron

Cholestech

Ciphergen Biosystems

Collagenex Pharmaceuticals

Columbia Laboratories

Connetics

Corcept Therapeutics

Corgentech

Corixa

Cortech

Cortex Pharmaceuticals

CoTherix

Critical Therapeutics

Crucell

Cubist Pharmaceuticals

CuraGen

CV Therapeutics

Cygnus

Cypress Bioscience

Cytogen

细胞动力 Cytokinetics

CytRx

deCODE Genetics

Dendreon

Digene

Discovery Laboratories

Diversa

DORbiopharma

DOV Pharmaceutical

DUSA Pharmaceuticals

Dyax

Dynavax

Emisphere Technologies

Encysive Pharmaceuticals

Endovasc

EntreMed

Entropin

恩佐生化 Enzo Biochem

Enzon Pharmaceuticals Epimmune

Epix Pharmaceuticals

Ergo Science

EXegenics

伊克力西斯 Exelixis

Eyetech Pharmaceuticals

Favrille

Forbes Medi-Tech

Genaera

Genaissance Pharmaceuticals

Gene Logic

Genelabs Technologies

Genencor International

基因泰克 Genentech

Genitope Corp

Genta

GenVec

健赞 Genzyme

吉利德科学 Gilead Sciences

GlycoGenesys

GTx

Guilford Pharmaceuticals

Helix BioMedix

Hemispherx Biopharma

Hemosol

Hollis-Eden Pharmaceuticals

人类基因组科学 Human Genome Sciences

Icagen

Icoria

ICOS

Idenix Pharmaceuticals

Illumina

ImClone

Imcor Pharmaceutical

Immtech International

Immune Response Corporation

ImmunoGen

Immunomedics

因塞特医疗 Incyte

Indevus Pharmaceuticals

Inhibitex

Inkine Pharmaceutical

Inspire Pharmaceuticals

Interferon Sciences

Interleukin Genetics

InterMune

IntraBiotics Pharmaceuticals

Introgen Therapeutics

Isis Pharmaceuticals

ISTA Pharmaceuticals

Iteration Energy

Keryx Biopharmaceuticals

Kos Pharmaceuticals

Kosan Biosciences

拉霍亚制药 La Jolla Pharmaceutical

Large Scale Biology

Lexicon Genetics

Luminex

MacroChem

Manhattan Pharmaceuticals

Marshall Edwards

马泰克生物科学 Martek Biosciences Corp

Matritech

Maxim Pharmaceuticals

Maxygen

Medarex

Medical Discoveries

The Medicines Company

MedImmune

Memory Pharmaceuticals

Metabasis Therapeutics

MGI PHARMA

Millennium Pharmaceuticals

Miravant Medical Technologies

Momenta Pharmaceuticals

Myogen

Myriad Genetics

Nabi Biopharmaceuticals

Nanogen

NatureWell

内克塔治疗 Nektar Therapeutics

NeoPharm

NeoRx

Nephros

Neurobiological Technologies

神经分泌生物科学 Neurocrine Biosciences

Neurogen

New River Pharmaceuticals

NitroMed

西北生物疗法 Northwest Biotherapeutics

诺瓦克斯 Novavax

Noven Pharmaceuticals

Novogen

NPS Pharmaceuticals

Nuvelo

OccuLogix

Oncolytics Biotech

奥尼克斯制药 Onyx Pharmaceuticals

奥瑞许科技 OraSure Technologies

Orchid Cellmark

Orphan Medical

Oscient Pharmaceuticals

OSI Pharmaceuticals

Osteotech

OXiGENE

Oxis International

Pain Therapeutics

Palatin Technologies

Peregrine Pharmaceuticals

法莫斯利医药 Pharmacyclics

Pharmion

Pharmos

Point Therapeutics

Pozen

Praecis Pharmaceuticals

Progenics Pharmaceutical

Pro-Pharmaceuticals

Protein Design Labs

Provectus Pharmaceutical

QLT

Questcor Pharmaceuticals

Quidel

Regeneration Technologies

再生元制药 Regeneron Pharmaceutical

RegeneRx Biopharmaceuticals

Renovis

瑞普利金 Repligen

里格尔制药 Rigel Pharmaceuticals

柳药医疗 Salix Pharmaceuticals

Sangamo BioSciences

Santarus

Savient Pharmaceuticals

赛生药业 SciClone Pharmaceuticals

西雅图遗传学 Seattle Genetics

赛门铁克 Senetek

Sepracor

西格诺 Sequenom

西佳科技 SIGA Technologies

Sirna Therapeutics

SkyePharma

Sonus Pharmaceuticals

光谱制药 Spectrum Pharmaceuticals

Stellar Pharmaceuticals

StemCells

SuperGen

Synbiotics

Synthetech

Tanox

Tapestry Pharmaceuticals

Targacept-Redh

Targeted Genetics

Telik

Tercica

Theragenics

治疗先锋 Theravance

Third Wave Technologies

海槛制药 Threshold Pharmaceuticals

特拉华州制药 Titan Pharmaceuticals

Transgene

环球基因 Transgenomic

Transkaryotic Therapies

Trimeris

三一生物科技 Trinity Biotech

Tripos

联合治疗 United Therapeutics

Valentis

Valera Pharmaceuticals

VasoActive Pharmaceuticals

Vernalis

福泰制药 Vertex Pharmaceuticals

ViaCell

Vical

Vicuron Pharmaceuticals

Vion Pharmaceuticals

Viragen

Viral Genetics

ViroLogic

ViroPharma

Vivus

Vyrex

Xcyte Therapies

Xenogen

Xenova Group

Xoma Ltd

Zila

Zonagen

ZymoGenetics

附录 B

用于做效率分析的制药公司

雅培 Abbott Laboratories

艾尔建 Allergen

阿斯利康 AstraZeneca

安万特 Aventis

拜耳 Bayer

百时美施贵宝 Bristol-Myers Squibb

葛兰素威康 Glaxo-Wellcome

强生 Johnson & Johnson

礼来 Eli Lilly

默克 Merk

诺华 Novartis

诺和诺德 Novo Nordisk

辉瑞 Pfizer

法玛西亚普强 Pharmacia & Upjohn

罗纳普朗克乐安 Rhone-Poulenc Rorer

罗氏 Roche

先灵 Schering

先灵葆雅 Schering-Plough

史克必成 SmithKline Beecham

惠氏制药 Wyeth Pharmaceuticals

注释

绪论

1. Ted Agres 的 *Columbia patents under attack*，2003 年 7 月 23 日发表于 *The Scientist*。

2. J. West 和 M. Ashiya 的 *Technology Commercialization at the Massachusetts General Hospital*，案例号 Case 9–604–090，2004 年在波士顿的 Harvard Business School Publishing 出版。

3. 关于科学的文化规范，开创性的文章是 R. K. Merton 的 *The Normative Structure of Science*，载于书籍 *The Sociology of Science: Theoretical and Empirical Investigations*，N. W. Storer，1973 年在芝加哥的 University of Chicago Press 出版，267-278 页。

4. R. R. Nelso 和 S. G. Winter 的 *In Search of Useful Theory of Innovation*，1977 年刊登于 *Research Policy*，36-76 页；G. Dost 的 *Technological Paradigms and Technological Trajectories*，1982 年刊登于 *Research Policy* 第 11 卷，147-162 页；D.Sahal 的 *Technological Guideposts and Innovation*，1985 年刊登于 *Research Policy* 第 14 卷，61-82 页。

5. F. H. Knight, *Risk, Uncertainty and Profit*，1921 年在波士顿的 Houghton Mifflin 出版社出版。

6. 美国国家癌症研究所（The National Cancer Institute）是隶属于美国国立卫生研究院的 8 个机构之一，从 1972 年（尼克松总统的"癌症战争"启动后）到 2003 年，该研究所获得了超过 550 亿美元的资金用于癌症研究。

7. 见 A. K. Klevorick 等的 *On the Sources and Significance of Interindustry Differences in Technological Opportunities* 中关于研发中的资助机制的研究，1995 年发表于 *Research Policy* 第 24 卷，185-205 页。

8. 例如，见：G. P. Pisano、R. Bohmer 和 A. Edmondson 的 *Organizational Differences in Rates of Learning*，2001 年发表于 *Management Science* 第 47 卷，第 6 期，752-768 页。

第 1 章

1. J. Drews, *Drug Discovery: A Historical Perspective*, Science 287(2000):1960-1964.

2. A. A. J. Andermann, *Physicians, Fads, and Pharmaceuticals: A History of Aspirin*, McGill Journal of Medicine 2, no. 2 (1996).

3. A. Gambardella, Science and Innovation: The U.S. Pharmaceutical Industry During the 1980s(Cambridge: Cambridge University Press, 1995),21.

4. H. A. Clymer, *The Economic and Regulatory Climate: U.S. and Overseas Trends*, in Drug Development and Marketing, ed. R. B. Helms (Washington, DC: American Enterprise Institute, 1975), 138.

5. Drews, *Drug Discovery*.

6. 辉瑞公司的化学家克里斯托弗·利平斯基（Christopher Lipinski）研究了 2000 种这类分子，发现①这些分子除了体积小之外，通常含有不多于 10 个氮或氧原子；②大多数分子在 5 个或更少的位置上有 1 个氢原子与非常愿意放掉这个氢原子的其他原子连接；③而且这些分子大多数能溶于水和脂肪。参见 *A Bigger Pill to Swallow*, The Economist, September 6, 2001.

7. S. N. Cohen et al., *Construction of Biologically Functional Bacterial Plasmids in Vitro*, PNAS 70, no.11(1973): 2340-2344.

8. 所谓蛋白质"过度表达"现象。

9. 第一种通过重组 DNA 技术开发并获得商业使用批准的药物是 1982 年由基因泰克公司和礼来公司合作开发的重组胰岛素。从那时起，已有超过 60 种来自重组 DNA 的治疗蛋白被开发出来并商业化。

10. G. Köhler and C. Milstein, *Continuous Cultures of Fused Cells Secreting Antibody of Predefined Specificity*, Nature 256(1975): 495-497.

11. 多克隆抗体可以结合同一种蛋白，但会与蛋白的不同部位发生反应。

12. 这些是癌细胞，它们通过不断生长赋予细胞系永生的特性。

13. R. C. Das, *Antibodies in Biotech's Year of the Bear*, American Biotechnology Laboratory, May 2003.

14. Stefan Thomke, Experimentation Matters: Unlocking the Potential of New Technologies for Innovation (Boston: Harvard Business School Press, 2003).

15. Aris Persidis, *Combinatorial Chemistry* Nature Biotechnology 18(2000):IT50-IT52.

16. Drews, *Drug Discovery*.

17. A. L. Hopkins and C. R. Groom, *The Druggable Genome*, Nature Reviews: Drug Discovery 1 (2002):727-730; K. Davies, *Cracking the 'Druggable Genome*, Bio IT World, October 9, 2002, http://www.bio-itworld.com/archive; Drews, *Drug Discovery*.

18. J. D. Watson, *DNA: The Secret of Life* (New York: Alfred A. Knopf, 2003), 63-64.

19. J. Craig Venter 在 1998 年 6 月 17 日在美国众议院科学委员会能源与环境小组委员会前的陈述。

20. 老鼠的基因组在 2002 年 12 月被发表在《自然》杂志上。老鼠和人类大约各有 3 万个基因，且与人类遗传疾病相关的基因中有 90% 也存在于老鼠的基因中。塞莱拉公司在 1 年前就已经完成了老鼠基因组的测序，并向客户提供，价格为每年 1.5 万美元。参见 *Science and Technology: Modest Mouse; Genomics*, The Economist 365 (2002),109.

21. 信息来自 *Biotech's Billion Dollar Breakthrough*, Fortune, May 26, 2003, 96-102; Sirna Therapeutics, Inc..

22. 想要了解系统生物学的优秀入门读物，请参阅 H. Kitano, *Systems Biology: A Brief Overview*, Science 295 (2002):1662-1664.

第 2 章

1. 本节包含来自 Rick Ng 的著作 *Drugs: From Discovery to Approval* 的总结信息，2004 年出版于新泽西州霍博肯的 John Wiley & Sons 出版社。

2. 这些特征有时被称为"宾斯基五规则"，也称"类药五原则"，Lipinski 等确定了分子的 5 个特征，预测了作为药物成功概率更大的分子特征（Lipinski 等的 *Experimental and Computational Approaches to Estimate Solubility and Permeability in Drug Discovery and Development Settings*，1997 年发表在 *Advanced Drug Delivery Review* 第 23 卷，第 3 期，3-25 页。另见 M. MacCoss 和 T. A. Baillie 的 *Organic Chemistry in Drug Discovery*，2004 年发表在 *Science* 第 303 卷，第 5665 期，1811 页）。

第 3 章

1. 参见 PAREXEL 的 *Pharmaceutical R&D Statistics Book*，出版于 2000 年。

2. J. A. DiMasi 等的 *The Price of Innovation: New Estimates of Drug Development Costs*，2003 年发表于 *Journal of Health Economics* 第 22 期，151-185 页。

3. 这些统计数据依据治疗药物的不同而定，但统计数据的大体模式基本相同。参见 J. A. DiMasi 的 *Risks in New Drug Development: Approval Success Rates for Investigational Drugs*，2001 年 5 月发表于 *Clinical Pharmacology & Therapeutics* 第 69 卷，第 5 期，301 页。

4. Baldwin 和 Clark 将模块化定义为"一种特殊的设计结构，单元（模块）中的参数和任务相互依存，单元之间相互独立"。上文引自 C. Y. Baldwin 和 K. B. Clark 的图书 *Design Rules* 的第 1 卷的 *The Power of Modularity*，2000 年出版于马萨诸塞州剑桥的 MIT Press，88 页。

5. 同上。

6. D. J. Teece 的 *Strategy, Technology and Public Policy: Economists of the Twentieth Century*，1998 年出版于英国奥尔德肖特的 Edward Elgar 出版社；C. M. Christensen 的 *The Innovator's Dilemma: When New Technologies Cause Great Firms to Fail*，1997 年出版于波士顿的 Harvard Business School Press；Baldwin 和 Clark 的 *Design Rules*。

7. 例如，参见 R. R. Nelson 和 S. G. Winter 的 *In Search of Useful Theory of Innovation*，1997 年发表于 Research Policy 第 5 卷，36-76 页；R. Nelson 的 *The Role of Knowledge in R&D Efficiency*，1982 年 8 月发表于 *Quarterly Journal of Economics* 第 97 卷，第 3 期，453-470 页；A. Gambardella 的 *Science and Innovation: The U.S. Pharmaceutical Industry During the 1980s*，1995 年出版于剑桥的 Cambridge University Press；L. Fleming 和 O. Sorenson 的 *Science as a Map in Technological Search*，2004 年 8 月至 9 月发表在 *Strategic Management Journal* 第 25 卷，第 8 期和第 9 期，909-928 页。

8. R. Nelson 的 *The Role of Knowledge in R&D Efficiency*；A. Arora 和 A. Gambardella 的 *Evaluating Technological Information and Utilizing It: Scientific Knowledge, Technological Capability, and External Linkages in Biotechnology*，1994 年发表在 *Journal of Economic Behavior and Organization* 第 24 卷，第 1 期，91-114 页；A. Arora 和 A. Gambardella 的 *The Changing Technology of Technological Change: General and Abstract Knowledge and the Division of Innovative Labor*，1994 年发表于 *Research Policy* 第 23 卷，523-532 页。

9. A. K. Pavlon 和 J. M. Reichert 的 *Recombinant Protein Therapeutics—Success Rates, Market Trends and Values to 2010*，2004 年发表在 *Nature Biotechnology* 第 22 卷，第 12 期，1513-1519 页。

10. T. G. Wolfsberg、J.McEntyre 和 G. D. Schuler 的 *Guide to the Draft Human Genome*，2001 年 2 月 15 日发表在 Nature 第 409 卷，824-826 页。

11. Fleming 和 Sorenson 的 *Science as a Map in Technological Search*。

12. J. Bogulavsky 的 *Target Validation: Finding a Needle in a Haystack*，2002 年 11 月发表于 *Drug Discovery & Development* 第 5 卷，第 10 期，41-48 页。

13. M. Iansiti 的 *Technological Integration: Making Critical Choices in a Turbulent World*，1997 年出版于波士顿的 Harvard Business School Press。

14. T. S. Kuhn 的 *The Structure of Scientific Revolutions*，第二版，1979 年出版于芝加哥的 University of Chicago Press。

15. G. Dosi 的 *Technological Paradigms and Technological Trajectories*，1982 年发表于 *Research Policy* 第 11 卷，147-162 页。

16. 例如，参见 M. L. Tushman 和 P. Anderson 的 *Technological Discontinuities and Organizational Environments*，1986 年发表于 *Administrative Science Quarterly* 第 31 卷，第 1 期，439-465 页；R. M. Henderson 和 K. B. Clark 的 *Architectural Innovation: The Reconfiguration of Existing Product Technologies and the Failure of Established Firms*，1990 年发表于 *Administrative Science Quarterly* 第 35 卷，第 1 期，9-30 页；Christensen 的 *The Innovator's Dilemma*。

第 4 章

1. 这份数据中的公司都是最终得以上市的公司。需要注意的是，这样的数据显然引入了"幸存者偏差"。然而，由于目标是获得相对详细的公司技术战略的信息，因此我们需要调查进行过首次公开募股的公司。这是因为，当公司提交首次公开募股登记表时，他们会被要求非常详细地披露关于技术、正在进行的研发项目和整体技术战略的信息。可惜的是，虽然也可以找到私人持有的生物技术公司，但没有关于这些公司的技术战略的正式的详细信息。

2. 基因泰克公司 1980 年上市，它最初的发行价是 35 美元 / 股，但上市不到一个小时，其股价就飙升到 88 美元 / 股。这在当时属于一家新上市公司上市首日股价最大涨幅之一。

3. M. McKelvey 的 *Evolutionary Innovations: The Business of Biotechnology*，1996 年出版于牛津的 Oxford University Press，105 页。

4. Tufts 估计 20 世纪 70 年代开发一种新药的成本约为 3 亿美元。见 R. W. Hansen 的 *The Pharmaceutical Development Process: Estimates of Current Development Costs and Time and the Effects of Regulatory Change*，发表在 *Issues in Pharmaceutical Economics* 中，R. I. Chien 编著，1979 年出版于美国马萨诸塞州列克星敦的 Lexington Books 出版社，151-187 页。

5. 从基因泰克公司的《10-K 年度财务报告》(*10-K SEC report*) 中获得的信息，1980 年 12 月 31 日。

6. 同上。

7. G. P. Pisano 和 P. Y. Mang 的 *Manufacturing, Firm Boundaries, and the Protection of Intellectual Property*，工作文件 92-048，Harvard Business School，1992 年。

8. Clifton Leaf 的 *Why We're Losing the War on Cancer and How to Win It*，2004 年 3 月 22 日发表在 *Fortune* 杂志，第 76-97 页。

9. 例如，Cetus 公司将自己的生死存亡押在将癌症治疗药物白细胞介素 -2 推向市场上。当美国食品药品监督管理局未能批准该药物时，该公司被迫将自己卖给其在埃默里维尔的邻居——凯龙公司。

10. P. Landers 的 *Drug Industry's Big Push into Technology Falls Short: Testing Machines Were Built to Streamline Research but May Be Shifting*，2004 年 2 月 24 日发表在 *Wall Street Journal* 上。

11. J. Sorensen 和 T. Stuart 的 *Aging, Obsolescence, and Organizational Innovation*，2000 年发表在 *Administrative Science Quarterly* 第 45 期，第 81-112 页。

12. R. Henderson 和 I. Cockburn 的 *Scale, Scope and Spillovers: The Determinants of Research Productivity in Drug Discovery*，1996 年发表于 *Rand Journal of Economics* 第 26 卷，第 1 期，32-59 页。

13. 例如，诺华公司将其研究总部从瑞士的巴塞尔搬到了马萨诸塞州的剑桥，以便更接近基因组学革命的"发源地"。他们聘请了哈佛医学院（Harvard Medical School）的前教授和马萨诸塞州总医院（Massachusetts General Hospital）的医生、遗传学专家马克·菲什曼（Mark Fishman）来领导研究工作。默克公司聘请了怀特海研究所（Whitehead Institute）——一个领先的基因组研究中心的前研究员彼得·金（Peter Kim）。默克公司和辉瑞公司也在波士顿地区建立了研究机构。

14. *Pharmaceutical Research and Manufacturers of America*，2003 年 4 月刊载于 *PAREXEL's Pharmaceutical R&D Statistics Book*，第 9 页。

15. 基于 2002 年 *PAREXEL's Pharmaceutical R&D Statistics Book* 中对研发管线的分析。

16. I. Guedj 的 *Ownership vs. Contract: How Vertical Integration Affects Investment Decisions in Pharmaceutical R&D*，未发表的手稿，2004 年 11 月 24 日。

17. 美国国会技术评议处（Office of Technology Assessment, Congress of the United States）的 *Commercial Biotechnology: An International Analysis*，1984 年出版于华盛顿特区的 U.S. Government Printing Office。

18. 见研究与市场报告 *Strategies for Innovation in Pharmaceutical R&D: Enhancing R&D Through Biotech Alliances and CRO Outsourcing*。另见 P.McGee 的 *Virtual Discovery and Development; Partnerships and Licensing Compounds Help TAP Transform Research and Development into Search and Development*，2005 年 6 月 1 日发表于 *Drug Discovery and Development*，第 26 页。

19. D. Leonard Barton 和 G. P. Pisano 的 *Monsanto's March into Biotechnology (A)*，案例号 Case 9-690-009，1990 年出版于波士顿的 Harvard Business School Publishing。

20. J. Lerner 和 R. P. Merges 的 *The Control of Technology Alliances: An Empirical Analysis of the Biotechnology Industry*，发表在 *Journal of Industrial Ecomonics* 第 46 卷，第 2 期（1998 年），125-156 页。

第 5 章

1. G. S. Burrill 的 *Biotech 2002: The 16th Annual Report on the Industry*，2002 年由旧金山的 Burrill 公司发布，第 289 页

2. 数据分析来自 Stelios Papadopulos (S. G. Cowen)、Ibbotson Associates 和 Brinnyl Associates，以及 Wall Street Journal。见 D. B. Hamilton 的 *Biotech's Dismal Bottom Line*，2004 年 5 月 20 日发表在 *Wall Street Journal*，第 1 页。

3. *US Venture Capital Returns Remain Negative but Outperform Public Markets*，2001 年 10 月 16 日发表在 *Venture Economics*。

4. R. Mullin 的 *Biotech Vies for Position*，2003 年 1 月 27 日发表在 *Chemical and Engineering News* 第 81 卷，第 4 期，27-40 页。

5. G. Ashton 和 F. Kermani 的 *Getting to Grips with Attrition Rates*，发表在 *CMR News* 第 20 卷，第 1 期（2002 年），8-9 页。

6. *Resolving Anticompetitive Concerns, FTC Clears $16 Billion Acquisition of Immunex Corp. by Amgen Inc.*，发布时间：2002 年 7 月 12 日。

第 6 章

1. L. G. Zucker、M. R. Darby 和 M. B. Brewer 的 *Intellectual Human Capital and the Birth of U.S. Biotechnology Enterprises*，发表在 *American Economic Review* 第 88 卷，第 1 期（1998 年 3 月），290-306 页。

2. Powell 等还表明，当地强大的风险资本和其他当地条件也在影响生物技术行业公司选址上起到了补充作用（Powell 等的 *The Spatial Clustering of Science and Capital: Accounting for Biotech Firm-Venture Capital Relationships*，2002 年发表在 *Journal of Regional Studies* 第 36 卷第 3 期，291-305 页）。

3. C. Menapace 的 *The Best Biotech Location*，2002 年 4 月刊登在 Business Facilities。

4. P. Kelley、W. K. Bunker 和 W. W. Powell 的 *The Institutional Embeddedness of High-Tech Regions: Relational Foundations of the Boston Biotechnology Community*，载于 *Clusters, Networks, and Innovation*，S. Breschi 和 F. Malerba 编著，2005 年出版于牛津的 Oxford University Press，262-296 页。

5. M. Edwards 的 *The Equity of Equity: Academic Profits from Life Science IPOs*，2005 年在美国国家医学院（the Institute of Medicine）第 35 次 Anniversary Annual Meeting 会议上的发言。

6. M. McKelvey 的著作 *Evolutionary Innovations: The Business of Biotechnology*，1996 年出版于牛津的 Oxford University Press，132 页。

7. P. A. Gompers 的 *Contracting and Control in Venture Capital*，案例号 Case no. 9-298-067，1998 年出版于波士顿的 Harvard Business School Publishing。

8. 同上。

9. S. Kortum 和 J. Lerner 的 *Assessing the Contribution of Venture Capital to Innovation*，发表在 *Rand Journal of Economics* 第 31 卷，第 4 期（2000 年），674-692 页；P. Gompers 和 J. Lerner 的 *The Venture Capital Revolution*，发表在 *Journal of Economic Perspectives* 第 5 卷，第 2 期（2001 年），145-168 页。

10. Thomson Financial, VentureExpert 数据库。

11. S. Nicholson, P. Danzon 和 J. McCullough 的 *Biotech-Pharma Alliances as a Signal of Asset and Firm Quality*，发表在即将出版的 *Journal of Business*。

12. M. McCully 的 *Current Trends in Deals and Financing, Recombinant Capital*，2005 年 7 月 1 日在 GTCbio's Metabolic Diseases World Summit, Partnering and Deal-Making 会议上的发言。

13. B. Lev 的 *Sharpening the Intangibles Edge*，发表在 *Harvard Business Review*，2004 年 6 月，第 108-116 页；R. Guo、B. Lev 和 N. Zhou 的 *Competitive Costs of Disclosure by Biotech IPOs*，发表在 *Journal of Accounting Research* 第 42 卷，第 2 期（2004 年 5 月），319-355 页。

14. I. Guedj 和 D. Scharfstein 的 *Organizational Form and Investment: Evidence from Drug Development Strategies of Biopharmaceutical Firms*，美国国家经济研究局（National Bureau Economic Research，NBER）的 working page 第 10933 号，2004 年 3 月于马萨诸塞州剑桥。

15. I. Guedj 的 *Ownership vs. Contract: How Vertical Integration Affects Investment Decisions in Pharmaceutical R&D*（未发表的手稿，2004 年于 MIT Sloan School of Management）。

16. A. Pollack 的 *Is Biotechnology Losing Its Nerve?*，2004 年 2 月 29 日发表在 *New York Times*。

17. S. Heuser 的 *Boston Scientific May Pay $750m to Settle Stent Fight*，2005 年 8 月 17 日发表在 *Boston Globe*。

18. A. Edmondson 等的 *Learning How and Learning What: Effects of Tacit and Codified Knowledge on Performance Improvement Following Technology Adoption*，发表在 *Decision Sciences* 第 34 卷，第 2 期（2003 年），197-223 页。

第 7 章

1. D. J. Teece 所著的 *Strategy, Technology and Public Policy: Economists of the Twentieth Century*，1998 年出版于英国奥尔德肖特的 Edward Elgar 出版社；D. J. Teece 的 *The Market for Know-how and the Efficient International Transfer of Technology*，发表在 *Annals of the Academy of Political and Social Science* 第 4 卷，第 58 期（1998 年 11 月），81-96 页；D. J. Teece 的 *Transaction Cost Economics and the Multinational Enterprise: An Assessment*，发表在 *Journal of Economic Behavior and Organization* 第 7 卷（1986 年），21-45 页；G. P. Pisano 的 *The Governance of Innovation: Vertical Integration and Collaborative Arrangements in the Biotechnology Industry*，发表在 *Research Policy* 第 20 卷（1991 年 6 月），237-249 页；G. P. Pisano 的 *Using Equity Participation to Support Exchange: Evidence from the Biotechnology Industry*，发表在 *Journal of Law, Economics and Organization* 第 5 卷，第 1 期（1989 年春季），109-126 页；A. Arora、A. Fosfuri 和 A. Gambardella 的 *Markets for Technology and Their Implications for Corporate Strategy*，发表在 *Industrial and Corporate Change* 第 10 卷，第 2 期（2001 年），419-451 页。

2. D. J. Teece 的 *The Multinational Corporation and the Resource Costs of Technology Transfer*，1979 年出版于纽约的 Ballinger Publishing Company。

3. J. Lerner 和 U. Malmendier 的 *Contractibility and Contract Design in Strategic Alliances*，2004 年 3 月于马萨诸塞州剑桥，美国国家经济研究局的 working paper 第 11292 号。对于 1980—2001 年间达成的 584 份研究协议，他们发现研究联盟的平均合同期限为 3.9 年。

第 8 章

1. R. R. Nelson 的 *Technology, Institutions, and Economic Growth*，2005 年出版于马萨诸塞州剑桥的 Harvard University Press。

2. M. Heller 和 R. Eisenberg 的 *Can Patents Deter Innovation? The Anticommons in Biomedical Research*，发表在 *Science* 第 280 卷（1998 年 5 月），698-701 页；Nelson 的 *Technology, Institutions, and Economic Growth*，第 9 章。

3. 关于这些研究的回顾，见 P. Azoulay, W. Ding, and T. Stuart, *The Impact of Academic Patenting on (Public) Research Output*，未发表的手稿，哥伦比亚大学（Columbia University），2004 年 7 月 15 日。

4. 关于基础科学研究在促进研发效率方面的作用，见 R. Nelson 的 *The Role of Knowledge in R&D Efficiency*，发表在 *Quarterly Journal of Economics* 第 97 卷，第 3 期（1982 年 8 月），453-470 页。

5. L. Fleming 和 O. Sorenson 的 *Science as a Map in Technological Search*，发表在 *Strategic Management Journal* 第 25 卷，第 8 期和第 9 期（2004 年 8—9 月），909-928 页。

6. Nelson 的 *Technology, Institutions, and Economic Growth*。

7. C. Leaf 的 *Why We're Losing the War on Cancer and How to Win It*，2004 年 3 月 22 日发表在 *Fortune*，77-92 页。

8. 关于这些问题的优雅陈述，以及我认为非常有说服力的论点，可以在 Nelson 的 *Technology, Institutions, and Economic Growth* 的第 8 章和第 9 章找到。

9. K. A. Joiner 的 *The Not-for-Profit Form and Translational Research: Kerr Revisited?*，2005 年发表在 *Journal of Translational Medicine* 第 3 卷，第 19 期。

10. Division of Strategic Coordination, OPSAI 的 *NIH Roadmap for Medical Research*。

11. L. Vertinsky 的 *Expanded Role of IP Audits in the Aftermath of Sarbanes-Oxley*，2003 年 11 月发表在 IP Newswire。

12. B. Lev 的 *Sharpening the Intangibles Edge*，2004 年 6 月发表在 *Harvard Business Review*，108-116 页。

13. A. D. Chandler 的 *Scale and Scope: The Dynamics of Industrial Capitalism*，1990 年出版于马萨诸塞州剑桥的 Belknap/Harvard University Press，第 1 页。

关于作者

加里·P. 皮萨诺，哈佛商学院小哈里·E. 菲吉（Harry E. Figgie, Jr.）商业管理教授，技术运营管理系负责人。在过去的 20 年里（2006 年以前），他的研究方向主要集中在生物技术、制药和医疗保健领域的技术策略以及产品和工艺创新管理等问题上。他是《发展工厂》（*The Development Factory*）的作者，这本书揭秘了在生物技术和制药领域取得令人惊艳的研发成果的科技战略和实践方法。在哈佛商学院，皮萨诺教授教授战略、技术和运营管理以及产品开发方面的MBA 课程和高管课程。除了教学和研究之外，皮萨诺教授还担任一些制药、生物技术和其他技术密集型企业的高管顾问。皮萨诺教授拥有加州大学伯克利分校的博士学位和耶鲁大学的经济学学士学位。